PAULINE GELLERT

Backstreet Boys Inside
Hinter den Kulissen der Superstars

Buch

Im September 1995 veröffentlichten fünf Jungs aus Florida ihre erste Single, »We've Got It Goin´ On«. Das war der Startschuß für eine einzigartige Weltkarriere. Mittlerweile haben die Backstreet Boys fast 20 Millionen CDs verkauft, sind auf jedem Kontinent der Erde genauso bekannt wie Madonna oder Michael Jackson. Ihre Welttournee, die im Dezember 1998 in Deutschland startet, war schon im April ausverkauft.

Die Hamburger Musikjournalistin Pauline Gellert präsentiert in ihrem neuen Buch *BSB Inside* – nach dem großen Erfolg ihres ersten Buches *Backstreet Boys – die Erfolgsstory der phantastischen Boy Band* – nun den zweiten Teil der Mega-Karriere der größten Teenie-Idole unserer Zeit. Neben aufregenden Live-Auftritten, romantischen Urlaubsberichten und spektakulären Videodrehs gibt Pauline Gellert diesmal aber auch den Blick hinter die Kulissen des Multi-Millionen-Unternehmens BSB frei. Monatelang recherchierte sie, was hinter den angeblichen Trennungsgerüchten steckt. Und das liest sich wie ein richtiger Krimi.

Autorin

Pauline Gellert lebt und arbeitet in Hamburg und kennt sich in der internationalen Rock- & Pop-Szene aus wie kaum eine andere.

Als Pop-Biographien sind im Goldmann Verlag erschienen:

Backstreet Boys (43727) von Pauline Gellert
Bon Jovi (42851) von Alex Gernandt
Boyzone (43725) von Rob McGibbon
Caught in the Act (43627) von Michael Fuchs-Gamböck
Die Kelly Family (43260) von Peter Wendling
Gil (44294) von Michael Fuchs-Gamböck und Falko Blask
Hanson (44044) von Adrian Brüder
New Kids on the Block (41121) von Rob McGibbon
No Mercy (44050) von Michael Fuchs-Gamböck und Falko Blask
'N Sync (44062) von Peter Wagner
Oasis (43630) von Christian Seidl
Spice Girls (43924) von Rob McGibbon
Take That (42784) von Rob McGibbon
Tic Tac Toe (43922) von Adrian Brüder

Pauline Gellert

BACKSTREET BOYS INSIDE

Hinter den Kulissen
der Superstars

GOLDMANN

Originalausgabe

Alle Zitate stammen, soweit nicht anders gekennzeichnet,
aus eigenen Quellen, Beobachtungen und Interviews
sowie aus Artikeln in den Magazinen *Bravo, PopRocky,
Popcorn, Hit!, Star-Poster, Spiegel und Stern.*

Originalausgabe Dezember 1998
Copyright © 1998 by Wilhelm Goldmann Verlag, München,
in der Verlagsgruppe Bertelsmann GmbH
Umschlaggestaltung: Design Team München
Umschlagfoto: action press/Hamburg
DTP/Layout: Martin Strohkendl
Druck: Presse-Druck Augsburg
Verlagsnummer: 44289
FB · Redaktion: Ingola Lammers
Herstellung: Sebastian Strohmaier
Made in Germany
ISBN 3-442-44289-3

1 3 5 7 9 10 8 6 4 2

Inhalt

Liebe Leserin,
Lieber Leser,

auf unserem Planeten gibt es wohl kaum jemanden, der noch nie einen ihrer Video-Clips oder ein Foto gesehen, einen ihrer Songs oder wenigstens einmal ihren Namen gehört hat. Die Rede ist von der erfolgreichsten Boygroup der 90er Jahre, den B A C K S T R E E T B O Y S. Die fünf talentierten Sänger aus Orlando/Florida haben es in nur drei Jahren mit Hits wie »We've Got It Goin' On«, »I'll Never Break Your Heart«, »Get Down«, »Quit Playin' Games« oder »Everybody (Backstreet's Back)« zu Weltruhm gebracht.

Zu ihrer ständig wachsenden Fan-Gemeinde zählen Girls von 6 bis 60. Mittlerweile ist es auch keine Schande mehr für das starke Geschlecht, seine schwärmende Freundin oder Tochter in ein Konzert der BSB zu begleiten. Weltweit besitzen 20 Millionen Haushalte eine BSB-CD. Die Bilanz für Fan-Artikel, in der Fachsprache Merchandising genannt, erreicht astronomische Multimillionen-Summen. Das BSB-Imperium muß sich längst nicht mehr hinter Riesenunternehmen wie Telekom oder Adidas verstecken.

Teenie-Zeitschriften wie BRAVO verlieren zahlreiche Leser, wenn Nick & Co. wie im letzten Sommer länger von der deutschen Bildfläche verschwinden. Vergeblich versuchten BSB-Nachahmer, ihre Vorbilder vom Pop-Thron zu stoßen. Es gelang ihnen nicht.

Die Entstehungsgeschichte der Backstreet Boys ist längst Popgeschichte. In meinem ersten Buch »Backstreet Boys – Die Erfolgsstory der phantastischen Boyband« erzählen Kevin, Nick, A.J., Howie und Brian, daß sie schon lange vor der Bandgründung miteinander befreundet waren und zusammen die Schulbank drückten. Doch das war ein Märchen. Das BSB-Management wies seine Schützlinge damals an, diese Story zu erzählen, damit ihnen nicht gleich von Anfang an das schlechte Image einer »gecasteten« Band anhaftete.

Das große Buch der Popmusik ist voller solcher Märchen. Sie dienen dazu, einen Newcomer besser auf dem Popmarkt zu plazieren. In diesem Buch soll Schluß mit der Märchenstunde sein. Schließlich hat jeder Fan ein Recht auf die Wahrheit. Und die soll auf den folgenden Seiten erzählt werden.

Eure
Pauline Gellert

The BSB History –
Die wahre Geschichte der
Backstreet Boys

Alles beginnt im Jahre 1992. Da begegnen sich Louis Perlman, erfolgreicher Geschäftsmann und Multimillionär, und Johnny Wright, Tourmanager der US-Chartbreaker New Kids On The Block, bei einem Konzert. Louis ist Besitzer der US-Fluggesellschaft »Transcontinental«, die riesige Jets samt Crew und Captain an andere Airlines oder an superreiche Popstars wie Michael Jackson, Jon Bon Jovi oder Pink Floyd vermietet. Der Zwei-Zentner-Mann hatte also schon ins Musikgeschäft hineingeschnuppert, aber als er an diesem Abend den Auftritt von NKOTB sieht, wittert der gewiefte Geschäftsmann ein »Big Business«. Louis ist fasziniert von der Fan-Hysterie, sieht, wie die Girls in der ersten Reihe zu Hunderten umkippen. Er schlägt Johnny und dessen Frau Donna seine Idee vor und macht sie zu Partnern. Donna und Johnny suchen mit ihrer Firma Wright Stuff Management die Talente, Louis steuert das nötige Kapital bei. 1993 wird so der Grundstein zu den Backstreet Boys gelegt. In Orlando wimmelt es von jungen Talenten, die aus ganz Amerika anreisen, um Karriere zu machen. Täglich finden in der Metropole an der sonnigen Ostküste Floridas sogenannte Castings statt, bei denen junge aufstrebende Talente vorsingen, vorsprechen oder vortanzen. Tausende stellen sich in den Universal-, Disney- und MGM-Studios vor und hoffen auf einen Job als Schauspieler, Sänger, Tänzer oder Musiker.

A.J., Nick und Howie begegnen sich zwar auf unzähligen Castings, aber von Freundschaft kann nicht die Rede sein. Erst über eine Agentin werden die drei Boys gemeinsam eingeladen und Donna, Johnny und Louis vorgestellt. Volltreffer! Die drei ersten Backstreet Boys sind gefunden. Was danach passiert, wissen nur wenige. Bis mit Kevin und später Brian die heutige Ideal-Formation gefunden wird, dreht sich das Besetzungskarussell mit Hochgeschwindigkeit. Unzählige Boys bekommen in der Anfangsphase eine Chance, werden angeheuert und schließlich wieder gefeuert. Mal harmonieren die Stimmen nicht, mal kommt es zu handfesten Streitereien hinter den Kulissen. A.J.s Mum Denise ist die einzige, die Fotos aus dieser Zeit besitzt. Diese Akte ist streng geheim und wohl auf immer verschlossen.

Während Nick, Howie und A.J. schon die ersten Bühnenauftritte absolvieren, führt ein wahnsinnig gutaussehender Junge aus dem ländlichen Kentucky Touristengruppen aus der ganzen Welt durch den hektischen High-Tech-Dschungel von Disney World. Kevin Richardson ist gerade Anfang 20, neu in Orlando und ganz heiß auf die große Karriere. Er hat mit zweitklassigen Model-Jobs bereits erste Erfahrungen im Showgeschäft gesammelt und ein paar Dollars verdient, als ihn seine Agentur zu einem Vorstellungsgespräch schickt.

Donna, Johnny und Louis sind begeistert. Kevin hat genau den Look und die tiefe Stimme, die Mädchenherzen höher schlagen läßt. Seine Manieren sind tadellos, und außerdem ist er ein phantastischer Klavierspieler. Bingo! Da sind es schon vier. Von diesem Tag an treffen sich Nick, Howie, Kevin und A.J. täglich. Sie singen, spielen Instrumente, tanzen und träumen davon, die Welt als neue Popband der 90er Jahre zu erobern. Doch der A-cappella-Gesang ist noch nicht perfekt, findet ihr damaliger Gesangslehrer. Es fehlt einfach noch eine fünfte Stimme. Da hat Kevin die rettende Idee. Er ruft seinen Cousin in Lexington/Kentucky an. Der hört auf den brav klingenden Namen Brian Thomas Littrell und hat es zu Hause schon zu einer kleinen Berühmtheit gebracht. Jeden Sonntag schluchzen Hunderte von Frauen los, sobald er seine helle, klare Stimme im Kirchenchor seiner Baptist Church erhebt.

Quasi aus dem Geschichtsunterricht eilt Brian sofort zum Flughafen und landet zwei Stunden später in Orlando. Es ist der 20. April 1993, und Brian spürt zum ersten Mal in seinem Leben so was wie Lampenfieber. Seine Sorgen sind unbegründet. Alle sind von seiner perfekten Soul-Stimme begeistert. Per Handschlag besiegeln die fünf jungen Männer an diesem warmen Frühlingstag im Wright Stuff Büro in der Sand Lake Road in Orlando die Geburtsstunde der BSB.

Die frischgebackenen Backstreet Boys (den Namen haben sich die Jungs selbst ausgedacht, er bedeutet übersetzt »Die Jungs aus dem Hinterhof«) müssen hart an ihrem Erfolg arbeiten. Sie werden von ihrem Manager Johnny Wright und dessen Frau Donna systematisch auf den Erfolg vorbereitet. Brian, Kevin, A.J., Nick und Howie bekommen jeden Tag mehrere Stunden lang professionellen Tanz-, Gesangs- und Musikunterricht, lernen Interviews zu geben und gehen auf Tour. Zunächst machen sie an den Wochenenden Orlando und die nähere Umgebung unsicher, treten in Clubs auf, in die Nick und A.J. sonst auf Grund ihres Alters nie reingekommen wären. Sie singen a cappella, das heißt ohne Musik. Louis kauft einen Kleinbus, stellt einen seiner Angestellten als Fahrer ab, und so reisen die Backstreet Boys samt Privatlehrer kreuz und quer durch die Vereinigten Staaten von Kaff zu Kaff, treten bei Supermarkteröffnungen auf, singen sich in drittklassigen Pubs vor einer Handvoll Leuten die Seele aus dem Leib, spielen auf feuchtfröhlichen Dorffesten und besuchen auch den kleinsten Radiosender, um ihr mageres Repertoire von gerade mal vier Songs live vorzustellen! Einen Plattenvertrag haben sie nicht. A.J., Kevin, Nick, Howie und Brian bewähren sich on the road. Sie werden Freunde auf der Bühne, in kleinen Hotels und im damals noch mickrigen Tourbus. Genau das ist die Idee ihres Managers Johnny Wright. Er will die Jungs zusammenschweißen wie Pech und Schwefel, ihre Charaktere ausloten – und hat Erfolg.

Die zwischenmenschliche Chemie der Jungs stimmt, sie sind heiß aufs Popbusiness! Jede Kleinigkeit, jeder Schritt der Bühnenchoreographie wird bis ins kleinste Detail geprobt und perfektioniert. Auch am Gesang arbeiten die fünf Boys intensiv und werden von Auftritt zu Auftritt besser. Schon damals dreht A.J.s Mum erste Videos. Sie werden hinterher von Johnny und den Boys analysiert. Auch dabei kristallisiert sich ein Garant für den Erfolg heraus. Die Jungs werden zu ihren schärfsten Kritikern.

Eine Privatlehrerin kümmert sich um die noch schulpflichtigen Mitglieder Nick und A.J. Howie legt sein Musikwissenschafts-Studium auf Eis und Brian gibt sein Betriebswirtschaftsstudium erst mal auf, um sein Glück mit den BSB im Popgeschäft zu versuchen. Kevin hat mit Schule und Studium sowieso nichts mehr am Hut. 1995, Louis hat mittlerweile schon zwei Millionen Dollar in die Jungs investiert, bezahlt Kost, Logis und ihre Ausbildung, klappt es endlich mit dem heißersehnten Plattenvertrag. Johnny verhandelt mit der amerikanischen Plattenfirma Jive Records und kann für die Jungs einen Vertrag über sieben Alben herausholen – eine Sensation für eine Newcomer-Band! So langsam nimmt der BSB-Traum Gestalt an. Sofort werden im Auftrag der Plattenfirma die erfolgreichen Songschreiber Deniz PoP und Max Martin (Dr. Alban, Ace Of Base) angeheuert, um

Hits für die Jungs maßzuschneidern. Nick, Brian, Kevin, Howie und A.J. besteigen im Frühjahr ´95 einen Flieger und verlassen zum ersten Mal in ihrem Leben Amerika. Eine Woche stehen sie im schwedischen Stockholm in den Cheiron-Tonstudios von Deniz PoP und nehmen den Song »We´ve Got It Goin´ On« auf. Abends dürfen sie im weltberühmten Café Opera die Glitzerwelt des Stockholmer Nightlife erleben und den Duft der großen weiten Welt schnuppern. Von nun an wollen sie dazugehören.

Im Sommer '95 veröffentlichen die Backstreet Boys ihre erste Single »We've Got It Goin' On« in den USA. Die Bestplazierung liegt in den Top 40. Nach wenigen Wochen fliegt der Song wieder aus den Top 100. Ein herber Rückschlag. Die Jungs sind maßlos enttäuscht. Mittlerweile reisen sie in einem gemieteten Luxus-Nightliner-Bus. Systematisch kämmen sie die USA durch, treten in kleinen Radioshows auf, singen ihre ersten Songs a cappella, stellen ihre Boxen bei Straßenfesten auf, tanzen und singen für die Leute, die zufällig vorbeikommen. Nachts treten sie in kleinen Clubs auf. Einzige Gage: der Applaus. Erschöpft legen sie sich in den sargähnlichen Schlafkojen des Busses hin und fahren die ganze Nacht über weiter bis zur nächsten Stadt. Sie vermissen ihre Familie und ihre Freunde. A.J.s Mum Denise und Nicks Dad Bob sind die einzigen Familienmitglieder, die mit ihren noch minderjährigen Kindern reisen. Doch trotz der harten Schufterei müssen sich Nick & Co. eingestehen, daß »We´ve Got It Goin´ On« in den USA ein Flop ist. Das Land der unbegrenzten Möglichkeiten ist einfach noch nicht reif für seine Söhne. Die US-Charts sind fest in der Hand von farbigen Vocal-Groups wie Boyz II Men oder Color Me Badd. Keiner traut fünf weißen Boys aus Florida zu, daß sie echten Soul draufhaben. Ein Fehler, wie sich später noch herausstellen wird.

Statt die Flinte ins Korn zu werfen, hecken Donna,

Johnny und Louis einen kühnen Plan aus. Sie haben vom europäischen Boygroup-Phänomen gehört. Take That, Worlds Apart, Caught In The Act und Boyzone räumen voll ab. Das Hitmuster: eingängiger Pop, hübsche Boys, Texte zum Träumen und eine synchrone Bühnen-Choreographie. Genau das, was die Backstreet Boys auch machen. Der Unterschied: Alle fünf BSB haben eine jahrelange Gesangs- und Tanzausbildung, jeder für sich ist ein wahres Solo-Talent. Ihr Harmoniegesang und ihre Choreographie haben längst eine Qualität erreicht, von der Europa nicht einmal zu träumen wagt.

Am 25. September 1995 erscheint »We´ve Got It Goin´ On«. Die Musiksender VIVA und MTV setzen das erste BSB-Video auf ihre Playlist. BRAVO, POP/Rocky und POPCORN drucken erste Artikel, stellen die Backstreet Boys den deutschen Teenies erstmals vor. Johnny ruft seinen alten Kumpel, den Konzertveranstalter Werner Lindinger, in München an. Werner hat zu diesem Zeitpunkt Top-Acts wie Caught In The Act und D.J. Bobo unter Vertrag und bucht die Backstreet Boys auf die beiden »6-Tage-Rennen« in Dortmund und München. Im November fliegen die Boys nach Deutschland. Während des Fluges krümmt sich Kevin vor Schmerzen. Die Diagnose des Arztes im Hamburger Krankenhaus: Blinddarmdurchbruch. In München stehen Nick, Howie, Brian und A.J. deshalb ohne Kev auf der Bühne. Sie trauen ihren Augen nicht, denn im Publikum sind bereits einige Girls, die selbstgemalte Schilder hochhalten, auf denen »Nick, I Love You« oder »Howie, Kiss Me« steht.

Im Dezember treten die zum Quintett verstärkten Backstreet Boys im Vorprogramm der Christmas Tour von Caught In The Act auf und stehlen den Headlinern die Show. »We´ve Got It Goin´ On« klettert langsam an die Spitze der deutschen Charts. Die Boys drehen in den Rocky Mountains den Clip zu ihrer zweiten Single »I´ll

Never Break Your Heart« und gehen im April ´96 im Vorprogramm mit D.J. Bobo auf Tour. Inzwischen hat »We´ve Got It Goin´ On« mit 400.000 Einheiten Platinstatus erreicht. Am 14. Mai 1996 erscheint das erste Backstreet-Boys-Album »Backstreet Boys« und wird auf Anhieb vergoldet. Aufgrund von 300.000 Vorbestellungen schnellt der Longplayer von Platz 100 auf Platz 1 der deutschen Album-Charts. Damit schreiben die Backstreet Boys erstmals Musikgeschichte. »Backstreet Boys« wird das erfolgreichste Debüt-Album in der deutschen Pop-History. Das haben nicht mal Take That geschafft. Die Teenie-Presse hat ihre neuen Superstars, aber auch seriöse Zeitschriften wie Stern und Spiegel nehmen sich des Phänomens an. Focus bringt auf sieben Seiten einen Artikel mit der Headline »BSB – der Kinderwahn«. Plötzlich wollen alle TV-Sender eine Reportage über die Backstreet Boys drehen. Eine unglaubliche Massenhysterie entsteht.

Am 4. Juni startet die »Wanna Be With You«-Tour ´96, die insgesamt von 200.000 deutschen Girls gesehen wird. Geschätzte 5.000 Girls erleben das Ende des Konzerts nicht. Sie erwachen aus der BSB-Ohnmacht auf der Trage der Sanitäter. Teddybären und Schuleschwänzen haben Hochkonjunktur. Auch Single Nummer drei »Get Down« erreicht Goldstatus, verkauft sich 250.000mal. Das Album durchbricht die Platin-Schallgrenze von 500.000 verkauften Einheiten. Mit ihrer vierten Single »Quit Playin' Games« setzen die fünf Florida-Boys sogar noch eins drauf. Mit der romantischen Midtempo-Nummer landen sie ihren ersten Number-one-Hit in Germany. In nur sechs Wochen erobern die BSB Südostasien. Es folgen die erste Tour durch England und die Christmas-Tour durch Deutschland, bei der die Boys in roten Weihnachtsmann-Kostümen auf der Bühne stehen. Am Valentinstag '97 veröffentlichen die Boys mit »Anywhere For You« die fünfte und gleichzeitig letzte Single aus ihrem Debüt-Album. Die anschließende Tour ist restlos ausverkauft. Pro Konzert kommen im Durchschnitt bereits 14.000 Fans. Der Pay-TV-Sender Premiere strahlt die neue BSB-Show verschlüsselt aus. Später erscheint der 60minütige Live-Mitschnitt »The Video«, der sich 220.000mal verkauft, das entspricht dreifach Platin.

Nun werden auch große Konzerne auf die BSB aufmerksam und überschütten sie mit Werbeangeboten. Die Telekom-Tochter T-Mobil schließt mit dem Management einen Millionen-Deal ab, und die Backstreet Boys stehen erstmals in Stockholm für einen Werbespot vor der Kamera. Kurz nach Erscheinen des Clips sind die kleinen »Scall«-Pager in Deutschland vergriffen. Die Backstreet Boys werden mit Gold- und Platin-CDs überschüttet und gewinnen die Starwahlen aller großen deutschen Teenie-Zeitschriften. POP/Rocky ruft Anfang '97 zum »BSB-Megafan-Wettbewerb« auf. Bis Ende März trudeln sage und schreibe 30.000 Pakete mit Bastelarbeiten in der Münchner Redaktion ein. In Berlin gehen die Backstreet Boys mit gutem Beispiel voran: Sie veranstalten ein kostenloses Minikonzert für etwa 200 behinderte Jugendliche, die in einem normalen Konzert nie die Chance gehabt hätten, so nahe an ihre Lieblinge heranzukommen wie an diesem Nachmittag.

Nick & Co. machen gemeinsam eine Woche Urlaub auf der Trauminsel Hawaii und beginnen anschließend mit den Aufnahmen zum zweiten Album »Backstreet´s Back«. Am 31. Mai treten die »Backies« bei »Charity ´97« auf. Für die Veranstaltung zugunsten krebskranker Kinder reisen sie eigens für zwei Tage aus den USA an, unterbrechen sogar die Aufnahmen zum zweiten Longplayer. Ende Juli erscheint die erste Single aus dem neuen Album. Allein der Video-Clip zu »Everybody (Backstreet´s Back)« kostet eine halbe Million Dollar.

Tourstart Hannover '97: Die BSB treten erstmals Open-Air auf. © teutopress

Während der Uptempo-Knaller die europäischen Charts erobert, klettert »Quit Playin' Games« unaufhörlich an die Spitze der US-Charts. Die Backstreet Boys nehmen die letzte Bastion auf dem Weg zum Weltruhm und erfüllen sich ihren größten Traum – endlich auch in der Heimat akzeptiert zu werden.

Nick leidet am meisten unter dem Dauerstreß und bricht zusammen. Sein Arzt verordnet ihm strenge Bettruhe. Im August geben die Backstreet Boys eine Pressekonferenz und treten erstmals vor 2000 US-Fans auf. Am 22. August fällt vor 35.000 begeisterten Fans in Hannover der Startschuß zur größten Tour, die je eine Boygroup unternommen hat. Die zwölf Open-air-Shows sehen knapp eine halbe Million Fans. A.J. und Brian stehlen sich nachts unbemerkt aus ihrem Hamburger Hotel und lassen sich von einem Tattookünstler tätowieren. Am 10. September pfeift US-Basketballstar Dennis Rodman von ̄den Chicago Bulls in der ausverkauften

Berliner Max-Schmeling-Halle das Charity-Basketball-spiel »Space Balls« an. Zusammen mit D.J. Bobo, 'N Sync und Toni Cottura spielen die Backstreet Boys um die Ehre und helfen gleichzeitig krebskranken Kindern. Den Rest des Jahres verbringen die Boys in Amerika und Kanada, wo sie mittlerweile genauso angesagt sind wie in Deutschland. Ihr erster US-Longplayer durchbricht die 5-Millionen-Schallmauer und kann sich fast ein Jahr lang in den US-Charts halten. Nach »As Long As You Love Me« erscheint die Single »All I Have To Give«. Für beide regnet es Gold- und Platinauszeichnungen, genauso wie für das zweite BSB-Album »Everybody (Backstreet's Back)«. Auch in diesem Jahr werden die Backstreet Boys von den Teenie-Zeitschriften in der ganzen Welt zur besten Pop-band gekürt.

Im Februar beginnt eine schlimme Zeit für Howie, Nick, Kevin, Brian und A.J. Zuerst stellt Brians Arzt fest, daß sein Patient sich einer schweren Herzoperation unterziehen muß. Von Geburt an hat er einen Herzfehler, konnte sich aber bisher erfolgreich um eine Operation drücken. Die vier anderen Backstreet Boys, Brians Eltern, das BSB-Management und die weltweite Fan-Gemeinde sind geschockt. Fast gleichzeitig tauchen offizielle Gerichtsakten auf. Die Londoner Presseagentur WENN verkauft Kopien von Original-Dokumenten, nach denen die Backstreet Boys, allen voran Brian, ihr eigenes BSB-Management verklagen. BRAVO kauft die Skandal-Papiere und veröffentlicht, was nie für die Öffentlichkeit bestimmt war. Plötzlich ist Louis Pearlman der Halsabschneider, der seine Schützlinge wie Zitronen aussaugt. Mit ihrer Klage kämpfen die BSB um mehr Geld und Mitspracherecht. Der Skandal ist perfekt. Gerüchte über die bevorstehende Trennung werden immer lauter, vom Management und den Backstreet Boys aber vehement dementiert. Die deutschen Fans rechnen mit dem schlimmsten, als A.J. bei der BRAVO SUPER SHOW ausfällt. Tatsache ist aber: A.J. hat hohes Fieber und leidet an einer eitrigen Mandelentzündung.

Zurück in den USA beweisen die Backstreet Boys ihren US-Fans mit ihrer ersten Tour, was sie wirklich draufhaben. Während Nick & Co. in Kanada oder Deutschland vor bis zu 70.000 Zuschauern pro Konzert singen, sind es in ihrer Heimat gerade mal schlappe 2.000, die zu den US-Shows der BSB kommen. Im März ´98 veranstalten die Backstreet Boys zusammen mit dem Kölner Videokanal VIVA ein bisher einzigartiges Unplugged-Konzert, bei dem nur akustische Instrumente zum Einsatz kommen. Die Boys werden von einem Gospelchor und einem Streichorchester unterstützt. Nur etwa 200 Gewinner eines VIVA-Wettbewerbs sind live in der Halle des TV-Senders mit dabei. Die letzten gemeinsamen Auftritte der Backstreet Boys sind die Teilnahme an der BRAVO-ALL-STARS-Single »Let The Music Heal Your Soul« zugunsten der Nordoff/Robbins-Stiftung, die sich um autistische Kinder kümmert, und das letzte gemeinsame Konzert in Disney´s Magic Kingdom in Orlando. Schließlich drehen die Boys noch eine zweite Videoversion für ihren 96er-Hit »I´ll Never Break Your Heart«, die speziell für den US-Markt konzipiert ist.

Danach zieht sich Brian in ein absolut geheimgehaltenes Herzzentrum zurück und begibt sich unters Messer. Die Operation ist ein voller Erfolg. Brians Ärzte sind zufrieden. Sechs Wochen wird der sympathische Sänger brauchen, um sich von den Strapazen der OP am offenen Herzen zu erholen. Zeitschriften, Tageszeitungen und Fotoagenturen bieten gigantische Summen für ein Bild von Brian kurz nach dem Eingriff. Die internationale Paparazzi-Mafia ist Brian auf den Fersen, jedoch ohne Erfolg. Das Management streut so geschickt Falschmeldungen, daß alle Nachforschungen im Sand verlaufen. Brians Eltern sind zu dieser Zeit die einzigen, die seinen Aufenthaltsort kennen. So kann sich keiner verplappern. Die anderen Backstreet Boys halten telefonischen Kontakt zu ihrem Kumpel. Anfang Juli sehen Nick, Howie, Kevin und A.J. ihren Freund in Orlando endlich wieder. Die Proben zur BSB-US-Tour beginnen. Einen Monat lang werden die Boys wieder Tag und Nacht zusammensein. Endlich stehen sie wieder gemeinsam auf der Bühne.

BSB
auf Magnums Spuren

Magnum ist ein cleverer Privatdetektiv. Sein Markenzeichen: ein roter Ferrari. Sein Wohnsitz: eine Traumvilla auf Maui/Hawaii. Sein Motto: Der Tag fängt erst um 12 Uhr an! Seit Magnum erfolgreich über unsere Bildschirme flimmert, sind die Trauminseln von Hawaii ein absolutes Ferien-Muß! Glasklares türkisfarbenes Wasser, ein azurblauer Himmel und die farbenfrohe Natur mit ihren freundlichen Bewohnern sind der Traum jedes Globetrotters.

Anfang Mai 1997 erfüllten sich die Backstreet Boys genau diesen Traum. Schon immer wollten die fünf jungen Männer dieses Inselparadies einmal erkunden. Zwar gehört Hawaii (die größte der sechs Inseln neben Kauai, Oahu, Molokai, Lanai und Maui) als 50. Bundesstaat zu den USA, doch selbst für Amerikaner ist Hawaii ein kostspieliges und weit entferntes Urlaubsziel.

»Aloha – Willkommen auf Hawaii!« erklingt fröhlich, als die Backstreet Boys aus ihrem Flugzeug am Kahului Airport aussteigen. Nick, Howie, Brian, Kevin und A.J. sind total gerädert, sie haben einen 20-Stunden-Flug hinter sich. Von Deutschland nach Los Angeles und dann noch mal nach Honolulu – wo sie dann zum allerletzten, 25minütigen Flug nach Maui umsteigen mußten. Die Sonne steht hoch am klaren blauen Himmel, die Luft riecht nach Orchideen, und das Thermometer zeigt 35 Grad im Schatten. Trotz ihrer Müdigkeit sind die fünf und ihre Begleiter von dem Empfang am Flughafen begeistert. 20 junge, hübsche Hawaiianerinnen stehen in langen, orangefarbenen Chiffon-Röcken und farngrünen Bikinioberteilen da. Leuchtendgelbe Blumenkränze baumeln um ihre schlanken Hälse – mit einem Schlag sind alle hellwach. Jeder Backstreet Boy bekommt einen Blumenkranz geschenkt – als herzlichen Willkommensgruß auf Hawaii übergeben die Mädchen feierlich ihre Blumenkränze an Brian, Howie, Nick, Kev und A.J. Auch die Begleiter der BSB – also A.J.s Mum Denise, Nicks Mum Jane, sein Bruder Aaron und seine Schwester Bobbie, Trey D., der seinen besten Freund Kev begleitet, werden bedacht, ebenso das Journalisten-Team der BRAVO, die mit von der Partie sind.

»Was für ein Empfang!« schwärmt Kevin, der schlichtweg total begeistert ist. »Jeder, der Hawaii besucht, bekommt als Willkommensgeschenk einen Blumenkranz«, klärt ihn Trey auf. Doch nichts kann Kevins Begeisterung trüben. »Macht nichts, ich fand's toll«, meint Kev nur dazu. Auf dem Weg ins 5-Sterne-Hotel »Maui Mariott Hotel & Resort« schlafen die Jungs fast ein. Nur Howie scheint noch seine letzten Energiereserven zu mobilisieren, denn als er das imposante Hotelgebäude (hier residieren nur die V.I.P) sieht, will er sofort auf Erkundungstour gehen. Und in der Tat: Das First-class-Hotel liegt in einem subtropischen Garten, direkt am bekannten Kaanapali-Strand, der nach Waikiki für die schönsten Mädchen bekannt ist. Alles, was das Herz begehrt, ist vorhanden: Whirlpool, Fitneß-Center, Tennisplätze ... Klar, daß in so einem Hotel die Nacht für eine Person über 300 Mark kostet! Doch das wissen Nick & Co. gar nicht – die Reise wird nämlich komplett von der BRAVO gesponsert, als eine Art Dankeschön für die gute Zusammenarbeit. Außerdem wollen die Chefs der BRAVO ihren Lesern auch mal eine etwas andere Geschichte bieten – nicht immer nur die ewigen Bühnenauftritte, Proben und Videodrehs.

So haben die Backstreet Boys bis jetzt nur wenige gesehen – relaxt am Strand, eben ganz privat. Zwischen BRAVO und dem BSB-Management gibt es für die kommende Woche ein Gentleman's Agreement: Zwei Tage lang darf Star-Fotograf Frederyk Gabowicz über die Boys verfügen. Der Rest der Woche ist frei.

Im Hotel angekommen, schmeißen die Boys in ihren Zimmern (jeder hat sein eigenes) alles in die Ecke und stürmen natürlich sofort zum Strand. Sie tummeln sich im glasklaren 25 Grad warmen Wasser, tollen ausgelassen herum wie junge Welpen. »Es ist schon lange her, daß wir Ferien hatten«, gibt Brian zu und hüpft mit einem Freudenschrei ins erfrischende Naß. Klar, daß die fünf am ersten Tag ihres Hawaii-Urlaubes nichts anderes im Kopf haben, als zu schwimmen, zu schnorcheln und faul am goldgelben Strand in der Sonne zu liegen.

Auch Nicks kleiner Bruder Aaron und seine Mum Jane lassen es sich gutgehen. Allerdings begnügen sie sich zusammen mit Denise erst mal mit dem riesigen Pool. Dort gibt es nämlich eine im Pool integrierte Swim-in-Bar, an der man selbstgemixte Cocktails schlürfen kann und gleichzeitig das kühle Wasser um sich hat – das ist so richtig nach Janes Geschmack.

Am Abend fallen die Jungs todmüde in ihre Betten. Trotz Jetlag können sie wunderbar schlafen, auch dank der kühlen Satin-Bettwäsche im Hotel. Dafür sind Kevin und seine Freunde am nächsten Morgen schon um sieben hellwach. Doch keiner hat so recht Lust auf Abenteuer und Action. »Ich würde lieber so richtig faul am Strand liegen«, gibt A.J. kleinlaut zu und schaut in die Runde. Er ist total erleichtert, als die anderen ihm zustimmen. Nach einem ausgiebigen Frühstück unter freiem Himmel in einem der drei Restaurants stürmt die kleine Gruppe an den wunderschönen Strand. Die Wasserratten Nick und Brian springen gleich ins Meer, während

Howie, A.J., Kevin und Trey D. ein Sonnenbad genießen. »Ich habe mir ein Buch mitgenommen«, meint Howie, »aber ich kann mich einfach nicht zum Lesen aufraffen. Es ist soooo schön, mal gar nichts zu tun, einfach in den Himmel zu starren und die warmen Sonnenstrahlen auf dem Body zu spüren!« Howie gerät total ins Schwärmen, ölt sich noch mal ein und dreht sich auf den Bauch. Keine fünf Minuten später ist der süße Latin Lover wie ein Baby eingeschlafen. Auch Kevin will sich um nichts Gedanken machen: »Der Streß kommt früh genug wieder – jetzt haben wir erst mal frei!« Es ist unglaublich, aber wahr: Den ganzen Tag lang passiert bei den Backstreet Boys nicht viel, sie faulenzen, schwimmen, sonnen und unterhalten sich. Abends genehmigt sich das Quintett zusammen mit Familie und Freunden ein ausgelassenes Festessen im Hotel. Neben den bekannten Speisen wie Spaghetti, Wiener Schnitzel und Hamburgern mit Pommes probieren Nick und Brian die einheimischen Spezialitäten mit unaussprechlichen Namen aus. Brian: »Egal, wie man's nennt, es schmeckt einfach köstlich!« Und Nick witzelt: »Haben die hier wohl auch einen Toast Hawaii?«

Am dritten Tag ihres Hawaii-Urlaubs bekommen die Jungs dann doch noch Lust auf Action und Abenteuer. Schon in aller Frühe mieten sie sich Kajaks und sogenannte Boogie-Boards – eine Art verkürzte Surfboards – und machen damit den Strand unsicher. Nur Howie kann sich noch nicht richtig aufraffen. Sein lässiger Kommentar: »Ach, die wollen doch nur die Girls am Strand beeindrucken!« Dabei zwinkert er mit den Augen und muß sich das Lachen gewaltig verkneifen.

Währenddessen wagen sich Nick und Brian mit ihrem ozeantauglichen Kajak ziemlich weit auf den Pazifik hinaus. Selbst die hohen Wellen, die für jeden Surfer eine echte Herausforderung sind, können den beiden begeisterten Wassersportlern keine Angst einjagen. Geschickt manövrieren sie das wendige Boot, mit dem schon vor Jahrhunderten die hawaiianischen Ureinwohner über die Meere gepaddelt sind, um die hohen Wellenkämme herum. Zwar schwappt ein wenig Wasser ins Kajakinnere, doch das stört Nick und Brian überhaupt nicht.

Jane und Aaron schauen ihnen vom Strand aus zu, können sie aber wegen der Entfernung fast gar nicht ausmachen. »Ich bin ganz schön froh, daß sie wenigstens Rettungswesten angezogen haben«, meint Jane etwas besorgt. Ihr kleiner Sohn Aaron tröstet sie: »Mum, hab keine Angst, die beiden ertrinken schon nicht! Nick ist Wassermann und Brian Fisch – was willst du mehr?« Da muß auch Jane lachen.

Ein paar Stunden später sitzen alle gemeinsam am Strand und genießen den wunderschönen Sonnenuntergang. Howie: »Es heißt immer, den schönsten Sonnenuntergang kann man bei uns in Florida auf Key West bewundern. Aber ich finde diesen hier noch tausendmal besser!« Zustimmend nicken die anderen. Sogar Denise, die normalerweise immer recht früh ins Bett geht, sitzt an diesem Abend mit den Boys noch lange am Strand. Zusammen schauen sie sich den sternenklaren Himmel an. Ein Lagerfeuer dürfen sie nicht anzünden (das darf man nur an Privatstränden), dafür hat aber Howie seine Gitarre dabei, und alle sitzen einträchtig in buntbedruckten Hawaii-Hemden in der Runde und summen zu Howies spanisch angehauchten Gitarrenklängen. Sogar der kleine Aaron darf bis in die Puppen aufbleiben und mit den Großen über Gott und die Welt diskutieren. »Hey, weiß einer von euch, warum Hawaii-Hemden so bunt sind?« will Aaron auf einmal wissen. Alle zucken ratlos mit den Schultern. Aber Trey D. kennt die Antwort: »Der gelbe Hibiskus ist die Nationalpflanze der Hawaiianer. Außerdem blühen auf Hawaii über 2500 verschiedene Orchideen-Arten. Deswegen haben die Inselbewohner diese zwei Blüten zu ihrem Wahrzeichen gemacht!« Alle sind schwer beeindruckt von Trey D.s Wissen. »Hey, man, das hast du aber nicht in der Schule gelernt«, meint Kev anerkennend. »Nein, ich hab's zufällig am Flughafen in einem Prospekt gelesen!« gesteht Kevins bester Freund und streckt den anderen die Zunge heraus. Weit nach Mitternacht gehen alle in bester Stimmung zu Bett.

Am vierten Tag ihrer Holidays pennen alle lange aus und lassen den Tag schön langsam angehen. Nick, Aaron und Mum Jane machen einen Ausflug an die Strandpromenade. Dabei ersteht Nick seinen Glücksbringer, den er seitdem immer bei sich trägt: ein Jesuskreuz, um einen Anker verflochten. Er soll früher allen Seefahrern Glück gebracht haben. »Mir bringt er bestimmt auch Glück«, meint Nick und drückt das Kreuz fest an sich. Sein Bruder Aaron quengelt so lange rum, bis Jane sich erbarmt und ihm ein neues cooles Hawaii-T-Shirt als Souvenir kauft. Natürlich kauft sie auch für die Familienmitglieder zu Hause reichlich Geschenke ein – Röcke, Armreifen, Shirts und Bücher über die Insel nimmt Jane mit zurück nach Ruskin. Der Rest der Band schreibt fleißig Postkarten nach Hause, tummelt sich im Hotel herum und wünscht sich, dieser Ferientrip würde nie zu Ende gehen. Sie bemerken nicht mal das BRAVO-Team, das nicht von ihrer Seite weicht und schon jede Menge Fotomaterial für ein paar Storys verknipst hat.

Am nächsten Tag steht ein Ausflug zur 19 Kilometer entfernten Stadt Lahaina, der einstigen Hauptstadt Hawaiis mit einem heute unter Denkmalschutz stehenden Hafen, an. Dort spazieren die mittlerweile braungebrannten Boys durch die Altstadt und besuchen den sehenswerten Hafen. Monarchen, Missionare und Walfänger prägten das Stadtbild. Es gibt in Lahaina sogar ein

Gefängnis für betrunkene Walfänger, das sogenannte »Hale Paahou« – natürlich ist das heute ein Museum. »Das möchte ich mir unbedingt anschauen«, meint Howie und zieht die anderen begeistert mit. In den alten Gemäuern haben die Jungs echt Spaß, sie stellen sich vor, wie das Leben früher auf der wunderschönen Insel Maui wohl gewesen sein muß. Als sie dann zufällig im Hafen an einem alten Piratenschiff vorbeikommen, gibt's für die Landratten kein Halten mehr: Im Sturm erobern sie das schöne Holzschiff. Der Besitzer des Schiffs erlaubt ihnen sogar, sich aus seiner persönlichen Schatzkammer zu bedienen: Nick, Kev, Brian, Howie und A.J. verkleiden sich in Windeseile in fürchterliche Piraten. Ihre Aufmachung: finstere Augenklappen, lange Schwerter, Totenkopf-Flaggen, alte verrostete Pistolen und sogar Bandanas (Kopftücher). »Davon habe ich als kleiner Junge immer geträumt«, meint Nick und stößt einen markerschütternden Piratenschrei aus. Dabei schwingt er sein Schwert durch die Luft – der Rest der Clique kann sich vor Lachen nicht mehr halten! »Wir gehören noch in den Kindergarten«, meint Kevin und versucht dabei, ein ernstes Gesicht zu machen.

Nach ihrer Piraten-Vorstellung schlendern die Jungs auf der Suche nach Erfrischung durch einen Park. Dabei entdecken sie eine Vielzahl wunderschön farbiger Papageien. Sie hocken ganz friedlich zwischen Bäumen und Sträuchern und lassen sich sogar von den fünf anfassen. Nur Howie ist sich nicht so sicher, ob die Vögel auch wirklich zahm sind: »Einer hat mir fast das Ohr abgebissen. Das Biest!« Die anderen nehmen ihn auf den Arm, können nicht glauben, daß ihm diese schönen Tiere nicht geheuer sind. A.J. überlegt sogar ernsthaft, sich einen für zu Hause anzuschaffen. Doch das redet ihm seine Mum Denise ganz schnell wieder aus. »Wenn du nicht da bist, wer kümmert sich dann um den Papagei? No way, honey!« Erschöpft, müde, hungrig, aber total happy, treffen die Jungs an diesem Abend wieder in ihrem First-class-Hotel ein.

Angetan von der Schönheit der Insel, ziehen sie am nächsten Tag gleich wieder los. Diesmal unternimmt Kevin mit seinem Freund Trey D. einen Kurzflug zur Nachbarinsel Oahu (Oahu bedeutet Versammlungsort). Die beiden wollen den weltberühmten Waikiki-Strand besuchen. Nach der Landung auf dem Honolulu-Airport nehmen sie ein Taxi zum Strand. Sie sind von der Hochhaus-Kulisse, dem buntgemischten Volk und dem atemberaubenden perlweißen Strand beeindruckt. Kev und Trey stürzen sich ins Getümmel, kaufen ein (Kevin ersteht für sich eine Taucheruhr) und schlendern durch das Royal Hawaiian Shopping Center.

Nick und A.J. mieten sich auf Maui einen Jeep und erkunden das Inselinnere. Sie fahren zu den im Osten der Insel gelegenen Regenwäldern bei Hana. Auf entlegenen Wegen gibt Nick dann auch schon mal richtig Gas – und A.J. klammert sich verzweifelt an der Tür fest. »Hey, irgendwo muß ich doch auch mal einen flotteren Zahn zulegen dürfen«, verteidigt sich Nick später, als A.J. über seine Fahrweise mault, »schließlich dürfen wir bei uns in den Staaten« nur 55 Meilen die Stunde fahren!« »Na, wenigstens haben wir uns nicht verfahren!« meint A.J. nach gelungener Spritztour und verzieht sich erleichtert in sein Zimmer.

Am vorletzten Tag ihrer Hawaii-Reise erfüllt sich Kevin noch einen großen Traum: Er mietet sich eine Harley-Davidson und düst damit ganz alleine über die Insel. Kreuz und quer durchstreift er das wilde Hinterland, stoppt hier und da, und entdeckt einsame, malerische Buchten mit kristallklarem Wasser. Er fährt sogar über staubige Pisten hinauf zum Halekala-Krater. Auf dem Gipfel des erloschenen Vulkans gibt es einen Aussichtsplatz. Hier genießt Kev den Sonnenuntergang in Ruhe und Abgeschiedenheit – er ist eben durch und durch ein Romantiker. »Ich möchte mir demnächst selbst eine Maschine zulegen«, verrät der blauäugige Waage-Mann. »Dann düse ich mit Freunden durch Frankreich, an der Côte d'Azur entlang über Monaco nach Italien«, schwärmt er träumerisch. Langsam fährt er wieder zum Hotel und gibt schweren Herzens die Maschine zurück – doch diesen Ausflug wird er sein ganzes Leben lang nicht vergessen. Auch die anderen sind begeistert von Hawaii. Während Kev um die Vulkane düste (man sagt sogar, in den Halekala-Krater passe ganz Manhattan hinein!), vergnügten sich Nick mit seiner Familie, A.J. und seine Mum, Howie und Trey D. am Strand von Lahaina. Außerdem haben sich alle Rollerblades in der Hafenstadt gekauft. Aaron meint am Abend traurig zu seiner Schwester B.J.: »Schade, nur noch einmal schlafen, dann fahren wir schon wieder zurück!«

Die Boys stehen am letzten Urlaubstag ziemlich früh auf. Die Mütter Jane und Denise organisieren alles für ein Picknick unter freiem Himmel. Gutgelaunt fährt die ganze Clique am späten Vormittag zum nördlichsten Punkt der Insel. Östlich der Stadt Makawao ist die Landschaft steinig und karg. Auf einem Felsen, 800 Meter über dem Meeresspiegel, veranstaltet die kleine BSB-Gruppe ein Picknick. Unter ihnen tobt der wilde Pazifik – die Backstreet Boys knabbern genußvoll an ihren Chicken Wings und haben dabei ganz nebenbei einen gigantischen Ausblick über den Ozean und die Küste. »Wenn ich mal heirate, dann hier«, meint Kevin und schaut sehnsuchtsvoll in die Ferne.

Am Abend steigen die Boys schweren Herzens in den Flieger nach Los Angeles. »Good-bye, Hawaii!« rufen sie im Chor.

»I'll Never Break Your Heart« – Der '96er-Hit wird neu verfilmt!

Auf dem Los Angeles Airport herrscht hektisches Treiben. Japanische Touristengruppen folgen ihren mit Schildern bewaffneten Reiseführern. Tonnen von Koffern werden wie aus dem Nichts auf die ächzenden Laufbänder gespuckt und von den wartenden Passagieren auf die bereitstehenden Gepäckwagen gewuchtet. Die Schlange vor der Einwanderungsbehörde ist endlos. Die Zollbeamten machen ihre routinemäßigen Stichproben, kontrollieren Mobiltelefone, Fotoausrüstungen und werfen gelegentlich einen Blick in Koffer, Hand- und Reisetaschen. Besonders genervt sehen die Passagiere im Lost & Found Office aus, dem Fundbüro, das denjenigen hilft, die zwar heil in den Vereinigten Staaten von Amerika angekommen sind – leider aber ohne ihr Gepäck.

Plötzlich huschen fünf Gestalten aus einer kleinen Tür in die große Eingangshalle des Flughafens. Sie tragen Sonnenbrillen, dunkle Designerjeans und T-Shirts. Neben ihnen tauchen zwei riesige Farbige auf. Einer von ihnen drückt ein kleines Handy an sein Ohr, kneift die Augen zusammen, als wolle er sich in dem Schilderdschungel des Airports orientieren. Dann deutet der 2-Meter-Hüne auf den Ausgang. Die Szene hat etwas von einem Bankraub. Während die beiden Farbigen die fünf Boys seitlich absichern, geht's schnellen Schritts zum Exit, dann durch die Drehtür, und schließlich stehen Nick, Howie, Brian, Kevin und A.J. im Freien und genießen die wärmende Sonne von L.A.

Es ist Ende April, 11 Uhr morgens Ortszeit, und in etwa 30 Metern Entfernung steht eine riesige weiße Stretch-Limo bereit. An ihr lehnt ein schwergewichtiger Mann, der sich mit seinem Stofftaschentuch hektisch den Schweiß von der glänzenden Stirn wischt.

»Hey, my man Louis!« schreit Howie, läßt seine Sporttasche fallen und breitet seine Arme so theatralisch aus, wie es eben nur die Südländer können. Nick und Howie tollen wie junge Hunde herum und fallen Louis als erste um den Hals. Dann begrüßen auch die drei anderen Jungs ihren »Big Daddy«. Bodyguard »Big Dog« setzt sich vorne neben den Fahrer. Sein Sohn Alex, der zweite Bodyguard, folgt der Limousine in einem anderen Wagen. Im bequemen hinteren Teil nehmen die Boys und Louis Platz. Obwohl der Backstreet-Boys-Entdecker ein gigantisches Firmenkonsortium leitet – neben einer Fluggesellschaft, einer Plattenfirma, einem Tonstudio, einer Fast-food-Kette und einem Reisebüro hält er Aktien und Anteile an zig anderen Firmen –, nimmt sich Louis Pearlman von Zeit zu Zeit einige Tage frei und jettet zu seinen Jungs, wenn gerade mal wieder eine Tour, CD-Aufnahmen oder wie heute ein Videodreh ansteht.

Die Backstreet Boys sind nämlich für drei Tage nach Los Angeles gekommen, um ihren 96er-Hit »I'll Never Break Your Heart« noch einmal filmisch umzusetzen. Der romantische Song wird in einer musikalisch etwas modernisierten Überarbeitung als fünfte Single der Backstreet Boys im Sommer '98 in den USA auf den Markt kommen. Nach »We've Got It Goin' On«, »Quit Playin' Games«, »Everybody (Backstreet's Back)« und »As Long As You Love Me« veröffentlichen die Jungs in ihrer Heimat also erstmals eine Ballade.

»Die erste Videoversion drehten wir bereits Ende 1995. Nicht, daß wir jetzt alte Männer wären – aber damals sahen wir noch viel jünger aus. Ich hatte zum Beispiel ganz kurze Haare, A.J. und Kev trugen noch keinen Bart. Die US-Fans wären wahrscheinlich total irritiert, wenn sie das Video auf MTV sehen würden«, erklärt Howie die Entscheidung, eine neue Version zu drehen. Während diesmal zwei Tage für den Dreh angesetzt sind und überhaupt kein Zeitdruck herrscht, sah die Situation im November 1995 noch ganz anders aus. Der damalige Regisseur Lionel C. Martin – er drehte übrigens auch den BSB-Clip zu »We've Got It Goin' On« und »Anywhere For You« – hatte drei Tage für die aufwendige Videoproduktion veranschlagt. Leider spielte das Wetter in den Rocky Mountains nicht mit. Es schneite einfach nicht. Am dritten Tag entschied sich Lionel schließlich, Kosten und Zeit zu sparen, und setzte den kompletten Dreh für einen einzigen Tag an. Wer den Clip kennt, weiß, was das bedeutete. Schließlich wird ja eine komplette Liebesgeschichte erzählt: Die fünf Backstreet Boys gehen im Little Cottonwood Canyon im Herzen der Rocky Mountains zum Skifahren. Sie treffen fünf hübsche Mädchen und flirten ein bißchen herum. Eigentlich nichts Ernstes. Doch Brian erwischt es. Er verliebt sich ausgerechnet in ein Girl, das Liebeskummer hat und gerade von ihrem Freund verlassen worden ist.

Zusammen mit den fünf Girls haben die BSB jede Menge Spaß. Sie fahren gemeinsam Ski, bauen einen Schneemann, veranstalten eine Schneeballschlacht und düsen mit Skibobs durch die Gegend. Zum Happy-End zwischen Brian und seiner Liebsten kommt es aber nicht.

Der nötige Schnee für die Aufnahmen kam übrigens aus drei riesigen Schneekanonen.

»Ich kann mich noch ganz genau daran erinnern, daß wir morgens um vier Uhr aufstehen mußten. Zwei Stunden vor Sonnenaufgang. Wir haben uns die Skiklamotten angezogen, bekamen unser Make-up und sind mit der Gondel auf den 3.000 Meter hohen Gipfel gefahren«, schwärmt Nick, während sich die weiße Limousine langsam ihren Weg durch den Berufsverkehr von Los Angeles bahnt. »Stimmt, Mann«, fährt A.J. fort, »tierisch kalt war es, wißt ihr noch? Und dann mußten wir auch noch unsere kuscheligen Daunen-Jacken ausziehen! Plötzlich ging die Sonne über den Bergen auf, und dann ging der Dreh los. Wir hatten nur die Chance für einen Take. Wenn die Szene nicht auf Anhieb im Kasten gewesen wäre, hätten wir das Ganze am nächsten Tag wiederholen müssen. Das war schon irre aufregend.«

Gerade verlassen die Boys in ihrem Luxusgefährt den Highway in Richtung Culver City, als Kevin das neue Videoscript zufrieden aus der Hand legt. »Ich find´s gut. Hört mal her! Auch diesmal spielen wieder fünf Girls mit«, verrät Kev. »Sind sie hübsch?« fragt A.J., wackelt mit den Augenbrauen und verdreht die Augen. Nick und Brian werfen einen Blick in die Bordbar, als ihnen Lou auf die Finger haut. »Hört zu! Wie ich Kev kenne, will er nicht alles fünfmal erklären«, weist er sie zurecht.

Der Dreh ist schnell erzählt: Für den Rest des Tages ist nur eine einzige Einstellung geplant. Alle Jungs werden in einem tunnelartigen Raum stehen, der wie die Luftschleuse in einem Raumschiff aussieht. Der Song wird mehrmals performt, wobei immer ein anderer vorne stehen wird. A.J. und Brian übernehmen die Leadvocals und werden deshalb auch öfter im Vordergrund zu sehen sein. Das Intro wird von Kev gesprochen. Deshalb sind natürlich einige Close-ups mit ihm geplant.

Für den zweiten Drehtag wird es fünf verschiedene Räume geben – für jeden Backstreet Boy einen. Und nun kommen auch die Girls ins Spiel. Die Boys müssen mit ihnen auf Tuchfühlung gehen.

Regisseur Billy Boy überläßt dabei viel der Spontaneität und der schauspielerischen Leistung der Jungs. Er hat alle acht bisherigen BSB-Videos gesehen und weiß, daß er es mit absoluten Vollprofis zu tun hat. Die Girls hat er bei einer Casting-Agentur gebucht. Diesmal wurden auf Wunsch des BSB-Managements extra keine Profimodels angeheuert. Die wirken immer gleich unglaubwürdig. Für den europäischen Markt könnten die BSB das Video wohl nicht so drehen. Gerade in Deutschland würde es eine Welle der Entrüstung geben. Die Erfahrung zeigt, daß die Fans hier sehr eifersüchtig sind. In den USA ist das anders. Dort ist es schwer angesagt, wenn jede Menge sexy Girls in Videos von männlichen Stars zu sehen sind.

Endlich sind die Boys an ihrem Ziel, einem typischen Industriegebiet. Die Limousine rollt langsam auf einen schäbigen Hinterhof. Die Jungs betreten die riesige Halle, in der das Team von Billy in einer Woche wahre Wunder vollbracht hat. Von einem kreisrunden Raum in der Mitte gehen Kameraschienen in verschiedene Räume, in denen später gedreht werden wird. Die Backstreet Boys begrüßen das Filmteam, den Regisseur, ihren Manager Johnny Wright und einige Mitarbeiter ihrer Plattenfirma Jive Records, die eigens aus New York angereist sind.

»Ihr könnt schon mal in die Maske gehen! Wenn ihr Hunger habt, da drüben steht das Catering«, erklärt Billy und verschwindet mit seinen Beleuchtern zur ersten Location. Das Team muß noch die letzten Vorkehrungen treffen und das Set ausleuchten. In etwa einer Stunde kann es losgehen. Johnny und Louis haben sich in eine Ecke des Filmstudios zurückgezogen, reden über Geschäfte und gehen einige Verträge durch, die Lou noch unterschreiben muß.

Nick und Brian sind nach draußen gegangen, um eine

Runde Basketball zu spielen. A.J., Howie und Kevin werden bereits geschminkt.

Endlich erklingt Musik. Die Boys haben in dem futuristischen Tunnel Aufstellung genommen. Zuerst steht Kevin ganz vorne und spricht das Intro des Songs: »Baby, I know you are hurting, right now you feel like you could never love again. Now, all I ask is for a chance to prove, that I love you.« (»Baby, ich weiß, daß du verletzt bist. Du fühlst dich so, als ob du nie wieder lieben könntest. Alles, um was ich dich jetzt bitte, ist eine Chance, dir zu zeigen, daß ich dich liebe.«)

Die Szene muß mehrmals wiederholt werden. Die Kamera fährt auf Schienen an den Jungs vorbei, um sie aus allen möglichen Perspektiven zu filmen. Da es in der Halle trotz Klimaanlage mittlerweile ungefähr 35 Grad warm ist, haben die beiden Make-up-Girls Cindy und Jane jede Menge zu tun.

Nun läßt Billy die Jungs performen. »Wir lassen den Song jetzt ungefähr zehnmal hintereinander durchlaufen. Vor jedem Beginn nehmt ihr einfach immer wieder andere Positionen ein, so daß jeder von euch mindestens zweimal ganz vorne steht«, erklärt Billy. Später werden die verschiedenen Sequenzen aneinandergeschnitten, und auf diese Weise entsteht ein ganz verblüffender Effekt.

Die Jungs sind gut drauf, sehr relaxt und meistern ihre Aufgabe mit Bravour. Nur A.J. und Howie übertreiben mit ihrer Gestik ein wenig. Nach vier Stunden ist die Szene im Kasten. Die Boys sind für den ersten Drehtag fertig – Regisseur und Team sind zufrieden. »Bevor ihr geht, müßt ihr euch noch ein Girl für morgen aussuchen! Hier sind die Setkarten«, strahlt Billy. Plötzlich sind Nick, Howie, Brian, Kevin und A.J. wieder hellwach und drängen sich um den Tisch, auf dem die Karten mit den Bildern ihrer Videopartnerinnen liegen. Eine hitzige Diskussion bricht aus. Nach zehn Minuten sind die Karten verteilt, und jeder ist glücklich. Brian entscheidet sich für ein blondes Mädchen namens Leigh Anne. A.J. hat sich Kristina, Howie die Asiatin Tamiko und Kevin die kaffeebraune Schönheit Alissa ausgesucht. Nick wählt das jüngste Girl namens Jessica.

Auf der Rückfahrt ins Mondrian Hotel am Sunset Boulevard in West Hollywood schmieden die Jungs Pläne für den Abend. A.J. und Kevin würden gerne noch ein paar Drinks in der Skybar nehmen, die sich im Mondrian Hotel befindet und in der Filmstars wie Leonardo DiCaprio und Brad Pitt Stammgäste sind.

Als ihnen Louis erzählt, daß am nächsten Tag bereits um sechs Uhr morgens Abfahrt zum Dreh ist, beschließen die beiden, früh ins Bett zu gehen. Nick und A.J. überreden Brian noch zu einer Partie Billard im Hotel. Die beiden wollen mit ihrem Kumpel noch soviel Zeit wie möglich verbringen. Schließlich werden sie Brian fast zwei Monate lang nicht mehr sehen. Es bleibt ihnen nur noch der morgige Drehtag, dann reist Brian ab, um sich seiner schweren Herzoperation zu unterziehen. Obwohl das Thema Herz-OP tabu ist, liegt eine Mischung aus Angst, Trauer und Melancholie in der Luft. Da ist ein kleines Spiel am grünen Tisch genau das richtige, um Kummer und Sorgen zu vertreiben. Die Münze entscheidet, und die erste Paarung heißt Nick gegen A.J. – und der läßt seinem jüngeren Bandkollegen keine Chance und versenkt die schwarze Acht schon nach wenigen Stößen im richtigen Loch. Auch Brian hat keine Chance. A.J. ist einfach unschlagbar, und so spielen Nick und Brian um den zweiten Platz. Nick verliert knapp und muß eine Runde Coke springen lassen.

Am nächsten Morgen stehen die Jungs schon um sechs Uhr fröstelnd, aber gutgelaunt in der Hotel-Lobby. Auf ein Zeichen von Bodyguard »Big Dog« springen die Boys und Louis in die Limousine. Noch ist kaum Verkehr auf den Straßen, und sie können die Strecke zum Filmstudio in der Hälfte der Zeit von gestern zurücklegen. Im Studio hat die Arbeit schon vor Stunden begonnen. Die Jungs legen ihre Sporttaschen in die Garderobe und treffen zum ersten Mal die fünf Girls, ihre Videopartnerinnen für den heutigen Tag.

Nick und die erst 16jährige Jessica verstehen sich auf Anhieb. Während der blonde Mädchenschwarm der Backstreet Boys seine Haare zu einer flippigen Strähnchen-Frisur gestylt bekommt, die mit jeder Menge Gel und Haarspray fixiert wird, erzählt Jessica von ihrem großen Traum, einmal eine berühmte Schauspielerin zu werden. Regisseur Billy Woodruff stößt zu den beiden und erklärt ihnen die Szene – die erste an diesem Drehtag.

Wenig später sitzen sie auf dem Boden in der Deko eines typischen Girlie-Zimmers, das mit seinen rosaroten Wänden und seinem hellen Flokati-Teppich glatt aus den 70er Jahren stammen könnte. Die Kamera läuft. Nick sieht Jessica tief in die Augen. In seiner lässigen Sporthose und dem hautengen schwarzen Shirt wirkt er total sexy. Jessie trägt eine blaue Plüschhose und ein buntes Top mit Spaghettiträgern. Nervös spielt sie an den bunten Bändchen herum, die sie liebevoll in die vielen kleinen Zöpfe ihrer schulterlangen blonden Haare geflochten hat. Sie lächelt Nick verliebt an. Er schnappt sich einen weißen Zeichenblock und malt ein großes Herz darauf, das von einem Pfeil durchbohrt wird. Dann fügt er noch die Initialen der beiden hinzu und zeigt Jessie seine kunstvolle Liebeserklärung. Volltreffer! Er hat ihr Herz erobert. Nun schlingt sie ihre Arme ganz spontan um seinen Hals und drückt ihn mit ihrer ganzen Leidenschaft an sich. Ihre Nägel krallen sich in seinen Nacken. Jessicas Körper scheint vor lauter Gefühl zu beben. »Cut«, schreit Regisseur Billy, »das war perfekt! Die Szene ist im

Kasten!« Und das gleich beim ersten Take. Nick nimmt Jessie auf den Arm und trägt sie kichernd aus dem Zimmer, setzt sie erst im Cateringbereich wieder ab und verschwindet mit seinem Kumpel Brian nach draußen, um ein bißchen Basketball zu spielen. So schnell kann eine Romanze vorbei sein, wenn sie eben nur für die Kamera gespielt wird.

In A.J.s Video-Zimmer herrscht silbergraue Kühle. Außer einer Stereoanlage und einem hochmodernen Sessel befinden sich nur das Model Kristina und der wohl verrückteste der fünf Backstreet Boys im Raum. A.J. trägt Jeans und ein offenes schwarzes Seidenhemd. Der obere Teil seiner Haare ist blond gefärbt. Die Seiten und die langen dünnen Koteletten sind schwarz. Mit einer geschmeidigen Bewegung setzt er seine blaugetönte Sonnenbrille auf und geht ebenso cool auf Kristina zu, die es sich in dem hellen Sessel bequem gemacht hat. Sie trägt eine dunkle Bolero-Jacke, ein kurzes Kleid und kniehohe Wildlederstiefel. A.J. setzt sich auf die Armlehne ihres Sessels, greift nach ihrer Hand und hebt zum Refrain an: »I'll never break your heart, I'll never make you cry ...« Er streicht ihre langen dunklen Locken zur Seite und küßt sie zärtlich auf den Hals. »Stop«, schreit Billy, »ein bißchen mehr Leidenschaft, wenn ich bitten darf!« Insgesamt siebenmal muß die Szene wiederholt werden, bis der Regisseur endlich zufrieden ist. A.J. schnappt sich eine Coke und gesellt sich zu Brian und Nick.

Als nächste sind Kevin und das farbige Model Alissa an der Reihe. Die beiden befinden sich in einem Raum, der aussieht wie die Bibliothek eines herrschaftlichen Schlosses aus dem 19. Jahrhundert. Alissa trägt ein langes rotes Kleid mit einem feuerspeienden Drachen. Sie lehnt mit ihrem Rücken lässig an einer Wand aus grünem Brokat. Kevin trägt ein rötlichviolettes Hemd, das seinen muskulösen Oberkörper zur Geltung bringt. Er beugt sich über Alissa. Seine Hände liebkosen ihre kaffeebraune Samthaut. Zärtlich nimmt er ihre Hände, küßt ihre Fingerkuppen. Auch wenn alles nur fürs Video gespielt ist, merkt jeder einzelne im Filmteam, daß es sich bei dem romantischen Waageboy um einen einfühlsamen, phantasievollen Lover handelt. Kev ist der geborene Verführer. Nach einer kurzen Umbaupause wird der zweite Teil von Alissas und Kevs Romanze gedreht. Kev hat mittlerweile sein Hemd aufgeknöpft, und Alissa trägt außer ihrer Haarspange nichts mehr an ihrem wunderschönen Körper. Sie liegt in einer Badewanne mit viel Schaum und läßt sich von Kevin den Nacken und die Schultern massieren. Die Szene wirkt so erotisierend, daß einigen aus dem Filmteam der Atem stockt. Nick hält Brian die Augen zu. »Hey, das ist zuviel für dich! Ich will nicht, daß deine Pumpe schon eine Woche vor deiner Operation schlappmacht«, scherzt der Blondschopf.

Howie und seine Partnerin Tamiko sind für das nächste Shooting bereit. Die gutgebaute Asiatin trägt ein knallenges Designerkleid, das ihre Kurven voll zur Geltung bringt. Howies Hemd ist bis zum Bauchnabel geöffnet. Zärtlich nimmt er Tamikos Hand und liebkost ihre Finger mit seinen Lippen. Zwischen den beiden knistert es gewaltig. Doch bevor es zu mehr kommt, schreit Regisseur Billy »Cut«. Die Szene wird noch einige Male aus verschiedenen Kameraperspektiven wiederholt. Dann sind Tamiko und Howie auch schon fertig.

Während das Filmteam alles für die nächste Szene umbaut, haben Model Leigh Anne und Brian schon im nächsten Videoraum Platz genommen – einem Schlafzimmer im mexikanischen Stil. Die beiden sitzen auf einem Sofa. Brian streichelt zärtlich das Knie seiner Videopartnerin, sieht ihr dabei tief in die Augen und singt: »I deserve a try, honey, just once, give me a chance and I'll prove this all wrong.« (»Ich verdiene einen Versuch, Liebling, nur einen, gib mir eine Chance, und ich überzeuge dich vom Gegenteil.«) Leigh Anne lacht glücklich und legt ihren Kopf auf Brians Schulter, während seine Hand weiterhin ihre hübschen langen Beine liebkost. Ihr kleines Schoßhündchen Speedy dreht seinen Kopf hektisch hin und her und verhindert mit seiner Anwesenheit, daß Brians Annäherungsversuche noch stürmischer werden. Um Punkt 18 Uhr fällt die letzte Klappe. Das Video ist im Kasten. Brian verabschiedet sich von Leigh Anne. Die anderen Girls warten schon in dem bereitstehenden Kleinbus vor der Tür auf ihre blonde Kollegin.

Nun kommt einer der schwersten Momente in der bisherigen Karriere der Backstreet Boys. Nick, Howie, Kevin und A.J. müssen von ihrem Freund Abschied nehmen. Sie wissen, daß er in einer Woche operiert werden wird. Mit der guten Laune der letzten beiden Tage ist es auf einen Schlag vorbei. Nun haben alle Tränen in den Augen. Sie umarmen ihren Freund noch einmal, wünschen ihm viel Glück und klopfen ihm aufmunternd auf die Schulter. Keiner der Jungs wird wissen, wo und wann Brian genau operiert wird. Brians Eltern werden sich melden, wenn das Schlimmste überstanden ist. Dann können die Boys ihren Freund über seine geheime Handynummer anrufen. »Ich werde euch vermissen«, stöhnt Brian, nimmt seine Sporttasche, winkt ein letztes Mal und verschwindet.

Die anderen packen schweigend ihre Sachen zusammen. Kevin sagt plötzlich ganz leise: »Versprecht mir, daß ihr für ihn beten werdet!« Die anderen nicken traurig .

Alexander
James McLean –
Crazy Mr. Cool

Lässig sitzt A.J. auf seiner großen Terrasse, trinkt seinen allabendlichen Frucht-Cocktail und genießt die letzten Strahlen der untergehenden Sonne. Mit diesem Ritual beendet Alexander James McLean schon seit einiger Zeit seine Arbeitstage. Es hat seit Wochen nicht mehr geregnet, und so ist der Sunset-Drink zu einer liebgewordenen Gewohnheit geworden. Es ist Ende Mai, und A.J. verbringt seine Tage als frischgebackener Besitzer einer Luxusvilla in seinem neuen Zuhause in Orlando. Der Backstreet Boy ist König eines 500 Quadratmeter großen Reiches. Eigentlich hätten es auch 100 Quadratmeter getan, doch seit das Wetter in Florida verrückt spielt, sind die Immobilienpreise immer weiter in den Keller gepurzelt. Im Februar sorgte die Klimaerscheinung El Niño für Regenfälle und schlimme Tornados. Mittlerweile trocknet der Sunshine State Florida regelrecht aus. Die Sonne brennt jeden Tag unerbittlich vom wolkenlosen Himmel. Im Norden des Bundesstaates kommt es bereits zu Waldbränden, die sich immer mehr ausbreiten und Hunderte von Menschen über Nacht zu Obdachlosen machen.

A.J. nutzte die Gunst der Stunde und investierte gewinnbringend.

Der 20jährige Pop-Millionär kann es sich schließlich leisten. Für den 7-Zimmer-Palast mit überdachtem Pool, Terrasse, Garten und Doppel-Garage blätterte er rund 800.000 Mark auf den Tisch. Das herrliche Anwesen kann sich sehen lassen: wunderschöne Sprossenfenster, Erker, Flügeltüren und antike Figuren zieren die Villa im italienischen Stil. Natürlich entspricht das Innenleben des Hauses dem amerikanischen Standard. Superschnelle Mikrowelle, ein riesiger Eisschrank und ein moderner Gasherd stehen in der großen High-Tech-Küche. Im ersten Stock befinden sich ein großes Bad, vier Schlafzimmer mit begehbaren Schränken und ein 40 Quadratmeter großes Gästezimmer mit Bad und allen Extras. Hinter dem großen Flur im Erdgeschoß kommt man direkt in das 50 Quadratmeter große Wohnzimmer. Von hier hat man einen herrlichen Blick auf den einladenden Pool und wahlweise die Herrschaft über A.J.s Riesen-Fernseher mit 80 TV-Kanälen oder seine Dolby-Surround-Anlage, die mit knapp einem Kilowatt Leistung den Lärm eines startenden Düsenjets simulieren kann.

»Der Makler, der mir das Haus verkauft hat, ist gleichzeitig auch mein Friseur«, meint der Traumboy lachend. Das gibt es nur in crazy USA! Seither wechselt A.J.s Haarlänge und -farbe noch öfter als früher. Es gibt keine Frisur, die A.J. noch nicht ausprobiert hat: Von Glatze bis zu Dreadlocks – sein Freund John steht ihm mit Rat und Schere zur Seite! Außerdem besitzt A.J. zu jedem Look die richtige Brille. Fast tausend Stück nennt er mittlerweile sein Eigentum. Fast ebenso viele hat er in seiner Karriere schon verloren oder an Fans verschenkt. Ohne sein Markenzeichen sieht man ihn wirklich sehr selten.

Im Keller seines Hauses hat sich A.J. ein Tonstudio und ein kleines Büro eingerichtet. Hier tüftelt er mit BSB-Gitarrist Billy an Songs fürs neue Album. Für jeden Musikfreak ist A.J.s Keller eine wahre Fundgrube. Sein brandneues 24-Spur-Demo-Studio ist auf dem neuesten Stand. Seine Sammlung an Gitarren, Keyboards und Mikrofonen samt technischem Zubehör ist ein Vermögen wert.

Alexander James McLean

In seinem Büro arbeitete A.J. lange am Entwurf der neuen BSB-Bühne. Schon in der Schule war er ein Zeichengenie. Es gibt nichts, was er nicht gekonnt aufs Papier bringen kann. BSB-Chefdesigner Mike Morin, der für die Bühnengestaltung verantwortlich ist, lobt A.J. für seine kreativen Ideen. Vieles davon wurde tatsächlich realisiert. Vom Ergebnis können sich die deutschen Fans auf der Dezember-Tour live überzeugen. Dort hat nämlich nicht nur die neue Show der BSB-Welttour Premiere, sondern auch die neue Bühne, mit der die Boys über ein Jahr um den Globus jetten werden.

In A.J.s Garage stehen ein knallgelber BMW und eine dezente schwarze Mercedes-Limousine. Trotz dunkler Scheiben wird A.J. auf der Straße von seinen Fans erkannt. »Die Girls sind total organisiert. Übers Internet tauschen sie alle News über uns aus. Dazu gehören auch die Nummernschilder unserer Autos. Kevin und Brian haben ihre schon oft austauschen lassen. Ich bin einfach zu faul. Was soll´s«, meint der 1,75 Meter große Backstreet Boy gleichmütig, der sich früher noch gefährliche Verfolgungsjagden mit seinen Fans geliefert hat. Heute nimmt er den Rummel um seine Person gelassener.

Seit Anfang Mai wohnt A.J. bereits alleine. Nachdem er seine Wohnung in Orlando aufgegeben hatte, schlüpfte er kurzfristig bei Mum Denise in Kissimmee unter. Einen Monat später hatte er dann endlich seine eigenen vier Wände. Den genauen Standort seiner Villa hält A.J. geheim. »Das Haus meiner Mum ist ja schon so etwas wie eine Pilgerstätte der BSB-Fans geworden. Das soll mein Haus nicht werden. Ich hoffe, daß die wahren Fans mein Privatleben respektieren. Ich brauche schließlich auch mal meine Ruhe«, meint A.J.

Wenn er nicht gerade auf Tour ist, genießt er seine selbstgewählte Einsamkeit. »Ich habe mich schon als Kind tagelang in meinem Zimmer verkrochen«, erinnert sich A.J. Auch heute ist er am liebsten allein, pennt lange aus, schwimmt ein paar Bahnen, frühstückt ausgiebig (seine Mum Denise sorgt immer dafür, daß sein Kühlschrank voll ist) und verzieht sich in seine Kreativ-Zelle Keller.

A.J.s Liebesleben steht zur Zeit an zweiter Stelle. »Mir gefallen zwar viele Girls. Aber ich bin vorsichtig. Woher soll ich wissen, ob die Mädels mich, meinen Ruhm oder meine Kohle lieben? Ich treibe mich meistens mit meiner alten Clique herum. Da sind viele Girls dabei, die ich noch aus meiner Schulzeit kenne. Klar flirte ich mit denen, aber sonst läuft da nichts. Die würden mich für bescheuert halten, wenn ich die angraben wollte«, erzählt er. Klar vermißt er eine feste Beziehung. Und A.J. weiß, daß er eines Tages heiraten und eine Familie gründen möchte. Bis dahin genießt er das Leben in vollen Zügen. Und dieses Leben beginnt, wenn die Sonne untergegangen ist. Dann verwandelt sich der fleißige Eremit in einen lebenshungrigen Partytiger. A.J. geht gerne vornehm essen, ins Kino oder auf Partys oder Barbecues.

Seit er sich in Hamburg zusammen mit Brian und dessen Bruder Harold sein erstes Tattoo stechen ließ, hat ihn auch diese Leidenschaft gepackt. Sein Kommentar: »Wenn du einmal anfängst, ist es schwer, wieder aufzuhören.« Der Tattoo-verrückte Backstreet Boy hat sich im Juli in Orlando nochmals stechen lassen. Diesmal war es ein lachender Clown auf seinem linken Unterarm. Darüber steht »laugh now« (auf deutsch: »Lache jetzt«). In den rechten Unterarm will er sich demnächst das Pendant stechen lassen: einen weinenden Clown und die Worte »cry now« (auf deutsch: »Weine jetzt«). »Freud und Leid liegen ganz nah beieinander«, meint A.J. fast philosophisch und denkt, daß »es wichtig ist, seine Gefühle voll auszuleben.« Sein Motto: »Ich lebe jetzt!«

Das Licht der Welt erblickte Alexander James McLean

am 9. Januar 1978 in Palm Beach/Florida. Der im Sternzeichen Steinbock geborene Sänger und Tänzer stand schon im zarten Alter von vier Jahren im Rampenlicht. Er machte Werbung für Kelloggs's Cornflakes, Disneyland und Fruchtsäfte. Außerdem war A.J. ein begehrtes Kindermodel für Katalogaufnahmen und Werbeplakate. Als er mit sechs Jahren bei einer Kindermodenschau auftrat, saß ein Regisseur im Publikum und gab ihm eine Rolle in einem Theaterstück. Er spielte den Zwerg »Dopey« im Märchen »Schneewittchen und die sieben Zwerge«. A.J. bewegte sich auf der Bühne so überzeugend, daß der Regisseur ihm gleich einen 2-Jahres-Vertrag anbot. Anschließend spielte er am Theater von Boca Raton im Süden Floridas. Es machte ihm großen Spaß, und er genoß die Aufmerksamkeit des Publikums in vollen Zügen.

Als A.J. vier Jahre alt war, ließen sich seine Eltern scheiden. Eine traumatische Erfahrung, die A.J.s Persönlichkeit geprägt hat. Er selbst meint dazu: »Hätte ich einen Dad gehabt, dann wäre ich wahrscheinlich nicht so ein verrückter Typ geworden. Eigentlich wollte ich nach der Trennung von meinem Vater immer im Mittelpunkt stehen. Kinder reagieren eben so auf den Verlust eines geliebten Menschen.« Bis vor zwei Jahren hatte er überhaupt keinen Kontakt zu seinem Dad. Dann bat ihn sein Dad um ein Treffen. Sie versöhnten sich zwar, doch A.J. wirft seinem Vater immer noch vor, ihn und seine Mum im Stich gelassen zu haben. A.J.s Kummer über seine vaterlose Kindheit sitzt einfach zu tief.

A.J.s Mutter Denise zog ihren Sohn damals allein auf – nur mit Hilfe ihrer Eltern. Als er zwölf Jahre alt war, zog die ganze Familie nach Orlando. Sie mieteten sich ein Häuschen in Kissimmee, in dessen Obergeschoß die Großeltern zogen. Seine Mutter wohnt dort noch heute mit ihren Eltern.

Zu dieser Zeit war A.J. ein eher verschlossener Teenager, der sich am liebsten in seinem Zimmer verbarrikadierte, Comicfiguren entwarf und vorzugsweise Shakespeare las. Außerdem hörte er stundenlang seine heißgeliebten Soulplatten. Es gab Tage, an denen Denise am liebsten seinen Plattenspieler vernichtet hätte – wie gut, daß sie es nicht getan hat!

Vier Jahre lang besuchte A.J. die »Florida Academy Of Dramatic Arts« in Orlando und zeigte, daß er ein wahres Bühnentalent ist. Er nahm nebenbei Ballett- und Tanzunterricht, machte bei Talentwettbewerben mit und jobbte in seiner Freizeit als Model.

A.J.s Vorfahren stammen übrigens aus Deutschland, Spanien und Schottland. Von den Schotten hat er seinen Nachnamen, von den Spaniern sein Aussehen und von den Deutschen seine absolute Disziplin – meinen seine Freunde. A.J. ist ein Typ mit Ecken und Kanten – außen hart, innen weich. Es kann schon passieren, daß er mal einen Temperamentsausbruch hat, Türen knallt und trotzig auf seiner Meinung beharrt. Doch nach ein paar Minuten tut es ihm meistens wieder leid, und er will sich wieder versöhnen. Als 14jähriger nahm er beim Talentwettbewerb »The Latin Carneval« teil und lernte Howie kennen. Doch die beiden verloren sich wieder aus den Augen. Jeder verfolgte seine eigenen Ziele, bis sie alle gemeinsam von einer Agentur zufälligerweise zum Wright Stuff Casting geschickt wurden. Dort wurden A.J., Howie und Nick aus der Masse der Bewerber ausgesucht und zusammengebracht. Kurz darauf kam auch Kevin dazu und nach ihm sein Cousin Brian.

Zu dieser Zeit besuchte A.J. noch die Osceola Highschool in Kissimmee. Er entschied sich für die Karriere, Denise nahm ihn aus der Schule und schrieb ihn für ein staatlich gefördertes Schulprogramm für Kinder im Showgeschäft ein. Zusammen mit Nick teilte er sich fortan eine

Privatlehrerin. Im April 1996 bestand er den High-School-Abschluß. Seine Noten in englischer Literatur waren immer hervorragend – dafür haperte es ganz schön in Mathe und Physik. Doch das ist längst Geschichte. Seit A.J. 15 Jahre alt ist, lebt er fast ausschließlich aus dem Koffer. Ständig ist er unterwegs, monatelang in fremden Ländern und manchmal jede Nacht in einer anderen Stadt. Denise begleitet ihn und hat sich von der Garderobenfrau zur Pressechefin der Backstreet Boys hochgearbeitet. Auf Reisen organisiert sie Foto- und Interviewtermine. Sie war es auch, die 1996 in Orlando den ersten Fanclub ins Leben gerufen hat. Dem folgte Ende 1996 der erste offizielle Fanclub in Deutschland. Mittlerweile gibt es unzählige Fanclubs, die über den ganzen Globus verteilt sind. Außerdem führt Denise das einzige Tagebuch der Backstreet Boys, besitzt die umfangreichste Sammlung an Foto- und Videoaufnahmen.

In Liebesdingen ist A.J. ein hoffnungsloser Romantiker. Seinen ersten Kuß bekam er mit zwölf von einem Mädchen namens Heather. Er lernte sie auf dem Sportplatz kennen. Ein Jahr später traf er seine erste große Liebe: Christie. Die beiden hingen Tag und Nacht zusammen. Bis Christie einen schrecklichen Autounfall hatte und an ihren schweren Verletzungen starb. A.J. war wie am Boden zerstört. »Als ich es erfahren habe, wollte ich auch sterben«, erzählt der sensible Boy. »Ich werde sie nie vergessen«, sagt A.J. heute.

Jahrelang hatte er Schwierigkeiten, auf Girls offen zuzugehen. Doch dann traf er Melissa. Damals ging es schon mit den Backstreet Boys los, und Melissa war schrecklich eifersüchtig. Sie stellte ihn eines Tages vor die Wahl: entweder sie oder die BSB. A.J. entschied sich für seine Musik. »Wenn sie die Richtige gewesen wäre, hätte sie mir vertraut und mich nicht vor die Wahl gestellt«, meint A.J. dazu.

Momentan genießt er seine Freiheit und kann sich wegen der ständigen Tourneen gar nicht fest binden. A.J.: »Das richtige Haus habe ich ja jetzt, aber leider noch nicht das richtige Girl!« Seine Mum Denise paßt auf, daß A.J. wegen seines Erfolges und des vielen Geldes nicht vom Boden der Tatsachen abhebt. Als er sich nämlich einen BMW kaufen wollte, sorgte Denise dafür, daß er erst ein paar Wochen Fahrübung hinter sich brachte, bevor er sich so ein teures und schnelles Auto zulegen durfte. Als A.J. dann endlich die Schlüssel zu seinem heißgeliebten BMW in den Händen hielt, zeigte Denise ihm erst mal im Crashkurs, wie man einen Tankdeckel öffnet, wo der Rückwärtsgang ist und wie man überhaupt die Motorhaube öffnet. Und als sie ihren Sohn darauf hinwies, daß sich in dem Wagen ein integrierter CD-Wechsler befindet, war er nicht mehr zu bremsen. A.J. schmatzte ihr einen dicken Kuß auf die Wange. »Meine Mum ist die beste!«

Steckbrief

Name:	Alexander James McLean
Spitzname:	A.J. oder Bone
Geburtstag:	9. Januar 1978
Geburtsort:	West Palm Beach, Florida, USA
Sternzeichen:	Steinbock
Größe:	1,75 m
Gewicht:	65 kg
Augenfarbe:	braun
Haarfarbe:	ursprünglich braun, wechselt aber häufig
Eltern:	Mum Denise McLean, seine Eltern sind geschieden
Geschwister:	keine

Hobbys:	Zeichnen, Basketball, Billard
Schule:	High-School-Abschluß
bes. Merkmal:	lange Wimpern
Markenzeichen:	Sonnenbrillen, Tattoos & verrückte Frisuren
Lieblingsessen:	McDonalds
Lieblingsdrink:	Coke
Lieblingsspruch:	»Let's Do It!«
aktuelles Auto:	BMW 325i, Mercedes 500

Howard Dwaine Dorough – Der geborene Charmeur!

Langsam arbeitet sich Howie zum Gipfel der 63 Meter hohen Sonnenpyramide in Teotiuacán, 40 Kilometer nordöstlich der Hauptstadt Mexico City, hoch. Es ist früher Vormittag an diesem Tag im Juli, die Sonne brennt schon erbarmungslos vom blauen Himmel. Sein Atem geht schnell, feine Schweißperlen stehen ihm auf der Stirn. »Puh, ich hätte nie gedacht, daß der Aufstieg so anstrengend wird«, gibt der sympathische, stets gutgelaunte Howie zu. Doch gleich hat er es geschafft, nur noch ein paar Meter trennen ihn von einer atemberaubenden Aussicht auf eine der bedeutendsten Kulturstätten Mexikos. Diese beeindruckende Gedenkstätte Gottes wurde bereits 200 Jahre vor Christus von den Tolteken (den Vorfahren der Azteken) erbaut. Mit einem letzten großen Schritt hat der Popstar es geschafft – und steht atemlos auf der flachen Plattform, auf der einst eine tonnenschwere Figur thronte. »Wow – was für ein Augenblick«, schwärmt Howie und schaut sich andächtig um. Die Sonnenpyramide ist neben der Quetzalcoatl-Pyramide und der Mondpyramide eine der drei Gedenkstätten, an deren Fuß vor Jahrtausenden sogar Menschenopfer dargebracht wurden, um die Gunst der Götter zu erlangen. Howie schüttelt sich, als er das von seiner älteren Schwester Polly erfährt, die ihn auf diesem

Trip begleitet und fleißig aus ihrem Reiseführer vorliest. »Schrecklich«, meint Howie und ist froh, daß er ein Sohn des 20. Jahrhunderts ist. Trotzdem ist er beeindruckt von den Ausmaßen dieser Gedenkstätte, die sogar größer ist als die bekannte Cheops-Pyramide von Gizeh in Ägypten.

Nachdem das Team des Musiksenders MTV seinen einstündigen Beitrag auf dem Gipfel der Pyramide abgedreht hat, machen sich Howie und seine Schwester Polly wieder an den Abstieg. Diesmal geht es viel schneller, und die beiden haben schon nach ein paar Minuten wieder festen Boden unter den Füßen. Kaum unten angekommen, erwartet Howie eine andere Art der Überraschung: Einige Fans aus England, die ebenfalls in Mexiko Urlaub machen, nehmen ihn sofort in Beschlag und reichen ihm Stift und Papier. Howie gibt minutenlang Autogramme, schüttelt Händchen, verteilt Küßchen, läßt sich mit seinen Fans fotografieren und beantwortet ihre Fragen. Ganz cool (Bodyguard Todd hält sich im Hintergrund) und mit einer Engelsgeduld gewinnt Howie die Herzen der Girls im Sturm. Sie schlendern mit ihm zu den Händlern, die den Touristen Schnitzereien, Tischdecken, Bücher, Fotos und jede Menge anderen Krimskrams verkaufen. Hier ersteht Howie ein handgehäkeltes, wertvolles Tischtuch für seine Mum Paula, einen Sombrero-Hut für seinen Dad Hoke, einige Holz-Elefanten und ein paar Bildbände der Pyramiden für den Rest der Familie.

Howie ist als einziger der Backstreet Boys auf Promotion-Tour nach Mexiko und Brasilien gereist. »Und damit ich nicht nur Arbeit habe, hänge ich noch ein bißchen Urlaub dran«, erklärt Howie. Die anderen Boys sind in Florida geblieben, schreiben Songs und basteln jeder für sich an Demos für das dritte BSB-Album, das Anfang '99 im Laden stehen soll.

Howard Dorough

© PPW/Herwig

Brian erholt sich an einem geheimen Ort von seiner schweren Herzoperation.

Howie, der zwei Wochen in New York mit verschiedenen Produzententeams gearbeitet hat (u.a. mit Full Force, aus deren Feder der BSB-Hit »All I Have To Give« stammt), hat seine Vorbereitungen für den neuen Longplayer längst abgeschlossen und folgt gerne der Aufforderung seiner Plattenfirma, Südamerika zu besuchen, um ein wenig die Werbetrommel für die Backstreet Boys zu rühren. Als Sohn einer puertorikanischen Mutter hat Howie nicht nur den Look eines Südländers, sondern spricht auch fließend Spanisch. »Ich gebe alle Interviews auf spanisch. Damit habe ich die Sympathien schon auf meiner Seite – ein unglaublicher Imagegewinn für mich und natürlich auch für den Rest der Boys. Die Leute machen dich automatisch zu einem der ihren«, erklärt Howie clever.

Nachdem der Backstreet Boy von seinem Pyramiden-Ausflug wieder im Hotel in Mexico City ankommt, wird er gleich von mehreren Journalisten belagert. Alle wollen gleichzeitig etwas von ihm wissen, drängen sich näher an den 1,68 Meter großen Boy heran. Souverän bittet Howie die Presse in den Konferenzraum und beantwortet über zwei Stunden lang alle Fragen der neugierigen Meute. Danach stehen noch ein paar Radiointerviews an, und Howie muß etliche IDs (Ansagen und Ankündigungen fürs Radio) auf DAT sprechen. »Das war's für heute«, klärt ihn seine Schwester Polly auf, die zusammen mit A.J.s Mum Denise seine Interviews koordiniert. Es ist schon kurz vor Mitternacht, und Howie fällt wie erschlagen in sein großes Bett. Am nächsten Tag haben Polly und Howie einen freien Tag und fahren ans Meer. Das Geschwisterpaar wird nur von Bodyguard Todd begleitet. Abseits der Touristenhochburgen, an einem wunderschönen einsamen Strand genießen Howie und Polly das Sonnenbaden und die kühlen Wellen des

Golfs von Mexiko. Die beiden faulenzen in der Sonne, lesen oder unterhalten sich. Mittags sind sie die einzigen Gäste in dem kleinen Hafenrestaurant und lassen sich den frischen gegrillten Fisch schmecken. Leider geht's abends wieder zurück nach Mexico City.

Fünf Tage lang arbeitet Howie hart, geht bis an die Grenzen seiner Kraft. Danach fliegt er mit seinem kleinen Team (außer seiner Schwester sind auch noch A.J.s Mum Denise und Andre Czillag, der Fotograf der BSB, mit von der Partie) nach Rio de Janeiro in Brasilien. Hier verbringt Howie weitere fünf Tage mit Interviews. Leider nutzen ihm seine Spanischkenntnisse hier nicht viel. In Brasilien spricht man nämlich Portugiesisch. Er nimmt's gelassen. »Wenigstens quatscht mir keiner der Jungs rein«, meint er lachend. »Nick ist dafür nämlich sonst immer ein Spezialist!«

Trotz des Stresses kann sich Howie Zeit nehmen, den berühmten Zuckerhut und den Ipanema-Strand zu besuchen. »Jetzt muß ich unbedingt noch an die Copacabana, um zu kontrollieren, ob die Girls da wirklich so hübsch sind!« scherzt der Latin Lover mit seiner Schwester. Die nimmt's gelassen: »Typisch Howie – man muß ihn einfach liebhaben!« Polly kennt ihren Bruder wie kaum eine andere Person. Die beiden arbeiten, sooft es Howies Terminkalender erlaubt, an Songs für Pollys erstes Latin-Sound-Album, das 1999 auf den Markt kommen soll. »Polly ist unheimlich talentiert«, meint Howie fachmännisch, »ich kümmere mich gerade um einen Plattenvertrag und den richtigen Produzenten. Ich habe schon mit Jon Secada gesprochen. Er ist mein absolutes Vorbild. Wenn ich ihn davon überzeugen könnte, Polly unter seine Fittiche zu nehmen, dann würde ich heulen vor Glück.« Seine große Schwester war es übrigens auch, die ihn ermunterte, in die Musikbranche zu gehen. »Als es damals mit den Backstreet Boys losging, hat sie mir geraten, mich voll auf die Musikkarriere zu konzentrieren. Also habe ich mein Studium auf Eis gelegt und bin sozusagen ins kalte Wasser gesprungen«, erzählt Howie und legt stolz seinen Arm um Polly.

Polly war es auch, die sich immer rührend um den kleinen Nachzügler in der Familie gekümmert hat.

Geboren wurde der braunhaarige Boy am 22. August 1973 in Orlando/Florida. Seine Vorfahren stammen aus Puerto Rico und Irland. Er ist das jüngste von fünf Kindern. Noch in den Windeln, war er der absolute Mittelpunkt der Familie. Seine Geschwister John (34), Polly (36), Caroline (37) und Angie (39) verwöhnten den putzigen Nachzügler. Howie hatte ständig einen Babysitter – ob er nun wollte oder nicht. Kein Wunder – schon als Baby hatte Klein Howie einen unwiderstehlichen Charme. Er konnte mit einem einzigen Augenaufschlag jeden um den kleinen Finger wickeln. Besonders gut gelang ihm das auch bei seinen Großeltern, die den kleinen Howie sehr in ihr Herz geschlossen hatten. Als im Sommer '96 seine Großmutter Corene starb, widmete er ihr das Album »Backstreet's Back«, das kurz darauf bei uns in Deutschland erschien. Mit seiner Schwester Polly teilte Howie schon immer seine besondere Vorliebe fürs Musik- und Showgeschäft. Polly tanzte und sang ihr ganzes Leben lang. Schon während ihrer Schulzeit war sie Mitglied in verschiedenen Musikgruppen und trat bei Talentwettbewerben auf. Ihr kleiner Bruder war gerade mal fünf, als sie ihm seine erste Rolle in einem Theaterstück verschaffte. Er übernahm eine kleine Rolle im Märchen »Der Zauberer von Oz«. Der Applaus des Publikums löste in Howie etwas Besonderes aus. Seit diesem Tag träumte der kleine freche Boy davon, im Showgeschäft einer von den ganz Großen zu werden. Immer wenn er auf der Bühne stand, hatte er riesigen Spaß und wuchs aus sich heraus.

Seine Mutter Paula erkannte sein Showtalent und förderte ihren Sohn, wo es nur ging. Howie lernte neben der Schule Ballett, Steppen und bekam Gesangsunterricht. Außerdem war er ein ständiges Mitglied der Kinder-Showtruppe »Show Stoppers« in Orlando. Damals war der kleine Howie gerade mal sieben Jahre alt. Oft saß er auch stundenlang bei seiner Oma auf dem Sofa, mit einer Bürste als Mikrofon in der Hand und sang sich die Seele aus dem Leib. Als Howie zehn Jahre alt war, bekam er seine erste Rolle in dem Kinofilm »A Cop And A Half«. Außerdem spielte er in verschiedenen Disney-Werbespots mit und trat beim Kindersender Nickelodeon auf. Nach der »Edgewater Highschool« besuchte der sympathische Boy das Valencia Community College in Orlando. Zwei Jahre lang studierte er Musik- und Kommunikationswissenschaften, bevor er sein Studium an den Nagel hängte und ein Mitglied der Backstreet Boys wurde.

Die Jungs liefen sich zwar immer mal wieder bei verschiedenen Disney- oder Universal-Castings über den Weg, doch von Freundschaft konnte damals noch keine Rede sein.

Mit 16 stellte sich Howie bei einem Casting für die südamerikanische Boyband Menudo vor, kam zwar in die engere Wahl, wurde aber nicht genommen. Die Produzenten von Menudo gaben einem damals völlig unbekannten Jungen namens Ricky Martin den Vorzug. Howie hat seinen Rückschlag von damals längst verwunden, und heute verbindet ihn mit Ricky, für den Menudo das Sprungbrett zur Weltkarriere wurde, eine tiefe Freundschaft. Wie wäre wohl die Karriere der beiden Freunde verlaufen, wenn die Verantwortlichen sich damals anders entschieden hätten?

Eine tiefe Freundschaft zu A.J., Nick, Kevin und Brian entwickelte Howie dagegen erst, nachdem er durch eine Agentin zum Vorsingen zu Johnny, Donna und Louis geschickt worden war. Stimmlich ist Howie ohne Schwierigkeiten aus den anderen Boys herauszuhören – denn keiner der Jungs kann so hoch singen wie er!

Seine Eltern Paula und Hoke erzogen Howie – so wie seine übrigen Geschwister auch – streng katholisch. Da Howies Mum strenggläubig und eine praktizierende Katholikin ist, ging er schon von frühesten Kindesbeinen an mit zu den Gottesdiensten, sang, wenn er Zeit hatte, auch im Kirchenchor und beteiligte sich aktiv am Gemeindeleben.

Wegen seines Glaubens wollte Howie eigentlich mit dem Sex warten, bis er das Girl fürs Leben gefunden hat. Als er aber mit 20 seine Gesangspartnerin Jennifer kennenlernte, war's um ihn geschehen – eines Abends passierte es doch. Sie verbrachten glückliche Monate miteinander, doch eines Tages mußte Howie sich entscheiden – Karriere oder Liebe. Jennifer wollte nicht, daß Howie berühmt wird, um die Welt reist und sie ständig allein läßt. Deswegen stellte sie ihn vor die Wahl: entweder sie oder die Musik. Howie fiel diese Entscheidung sehr schwer, weil er Jennifer über alles liebte. Doch er wollte sich von ihr nicht seinen Lebenstraum verbieten lassen: auf der Bühne zu stehen und Musik zu machen. Er entschied sich mit gebrochenem Herzen für die Backstreet Boys – auch weil er die anderen nicht im Stich lassen wollte.

Dafür entwickelte Howie eine große Vorliebe fürs Flirten. Kein Girl kann seinen wunderschönen dunkelbraunen Augen widerstehen. Er ist der geborene Charmeur und versteht es, mit seinem gewinnenden Lächeln die Herzen aller Frauen im Sturm zu erobern. Neben dem Flirten ist das Tanzen eine seiner großen Leidenschaften. Früher hat er ganze Nächte mit sehr vielen schönen Mädchen im Arm durchtanzt. Seit Howie aber mit den BSB ständig um den Globus reist, findet er leider viel weniger Zeit dafür. Meist ist er abends so ausgepowert, daß er sich nur noch ins Hotelbett legt und auf der Stelle einschläft. Glücklich machen kann man den feurigen Löwe-Boy auch mit leckeren spanischen oder chinesischen Spezialitäten. Aber er ist auch ein Fast-food-Fan. »Klar, wer aus Amerika kommt, hat das schon im Blut«, rechtfertigt sich Howie grinsend. Auch die anderen Boys können nicht durch eine Stadt fahren, ohne in ein Schnellrestaurant einzufallen. »Danach fühle ich mich zwar richtig mies, doch das versuche ich wieder mit jeder Menge Sport wiedergutzumachen«, verrät er. Regelmäßig besucht Howie das Fitneßstudio und stemmt Gewichte, trainiert überflüssige Kilos auf dem Stepper ab oder geht gleich morgens einige Meilen joggen. Das sieht man seinem durchtrainierten Body auch an – kein Gramm Fett hat der Latin Lover auf seinen Rippen. Zu Hause in Orlando verschlägt es ihn auch regelmäßig in einen Pool – dann schwimmt er schon mal 20 Bahnen und genießt das kühle Naß. Oft fährt der 25jährige mit seiner neuen Corvette (eine Art amerikanischer Ferrari) an die Küste oder an den See zum Surfen, Wasserskifahren oder einfach nur Faul-in-der-Sonne-Liegen. Wenn der stets zuvorkommende Howie mit den Boys zu Besuch in Deutschland ist, dann sieht man ihn oft mit seinen weiblichen Fans flirten. »Mehr als nur ein Flirt ist nicht drin«, gesteht Howie und, daß er »kein Boy für eine Nacht« sei.

Am Anfang seiner Karierre mit den BSB sah man den fröhlichen Howie ständig mit einer Videokamera herumrennen. Doch die Zeiten sind mittlerweile vorbei: »Ich habe nun schon fast jede Stadt dieser Welt auf Video. Jetzt mache ich lieber Fotos«, verrät Howie.

Wenn der berühmte Sänger mal doch ein paar Tage zu Hause in Orlando ist, dann fühlt er sich in seinem Elternhaus am wohlsten. Er ist übrigens der einzige Backstreet Boy, der noch zu Hause wohnt. Von seiner Mum läßt er sich verwöhnen, mit seinem Dad geht er gerne zum Fischen oder führt mit ihm lange Gespräche über das hektische Leben, das er führt. Einmal im Jahr, an Weihnachten, trifft sich die ganze Familie zu einem tollen Fest, das oft tagelang dauert. Dann hat Howie das Gefühl, alles wäre wieder so wie früher, als er noch ein kleiner Junge war ...

Steckbrief

Name:	Howard Dwaine Dorough
Spitzname:	Howie D.
Geburtstag:	22. August 1973
Geburtsort:	Orlando, Florida, USA
Sternzeichen:	Löwe
Größe:	1,68 m
Gewicht:	63 kg
Augenfarbe:	braun
Haarfarbe:	braun
Eltern:	Mum Paula, Dad Hoke
Geschwister:	John (34), Polly (36), Caroline (38) und Angie (39)
Hobbys:	Singen, Schauspielern, Tanzen, Wasserskifahren, Badmintonspielen
Schule:	High-School-Abschluß, Studium der Musik- und Kommunikationswissenschaften in Orlando
bes. Merkmal:	lockige Haare, dunkle Latino-Haut
Markenzeichen:	seine Stimme, Flirt-Zwinkern mit dem rechten Auge
Lieblingsessen:	orientalisches und spanisches Essen
Lieblingsdrink:	Sprite

Lieblingsspruch: »How can you make people smile, when you're not smiling yourself?« (auf deutsch: »Wie kannst du andere glücklich machen, wenn du selbst nicht glücklich bist?«)
Lieblingssänger: Jon Secada, Ricky Martin
Lieblingsgruppe: Boyz II Men, No Mercy
aktuelles Auto: schwarze Corvette

Nicholas Gene Carter – Der blonde Mädchenschwarm!

»Volle Kraft vorraaaaaaaus!« schreit Nick und schiebt den Schalthebel seines »Ciera Bayliners« auf high speed. Mit 20 Knoten (etwa 37 Stundenkilometer) und dröhnendem Motor rast das schnittige weiße Sportboot hinaus aufs offene Meer. Nick hält das Steuerrad seines funkelnagelneuen Bootes fest in beiden Händen. Das Vibrieren der Maschine ist bis in den Magen zu spüren. Der Wind pfeift ihm um die Ohren, zerrt an seinen Haaren, und das Wasser spritzt ihm ins Gesicht. Auf seiner braunen Haut spürt Nick die heiße Sonne Floridas. Plötzlich scheint das Boot wie von selbst durch die Luft zu fliegen – und landet Sekunden später in einer Wellensenke. »Juhuuuu!« Nick ist überglücklich und schreit sich die Anspannung der letzten Monate von der Seele.

Nur in Badeshorts sitzt der »Ladykiller«, wie ihn seine BSB-Freunde scherzhaft nennen, am Steuer des 20.000 Dollar teuren Bootes. Sein Vater Bob und sein kleiner Bruder Aaron haben sich's im Heck gemütlich gemacht und halten ihre Angeln fest umklammert. Die drei Carter-Männer haben sich an diesem Morgen schon um fünf aus den Betten gequält und sind bereits auf dem Weg zu den besten Fischgründen der Westküste Floridas. Über 500 verschiedene Meerestierarten findet man hier im Golf von Mexiko. Darunter den seltenen schwarzen und sehr gefährlichen Stachelrochen (engl.: Stingray) und die gemütlichen Manatees, schwerfällige Seekühe, die in flachen Küstengewässern, Wasserläufen und küstennahen Süßwasserseen leben und leider vom Aussterben bedroht sind. Von den über zwei Meter großen Säugern leben in Florida nur noch einige hundert.

»Hey, Nick, dein Bruder verliert gleich sein Frühstück, wenn du so weiterrast«, scherzt Vater Bob und tut so, als müßte auch er sich gleich übergeben. Nick lacht nur, denn er kennt seinen kleinen Bruder in- und auswendig und weiß, daß ihm die rasante Fahrt genausogut gefällt. Das kleine, aber luxuriöse Motorboot hat sich Nick zum 18. Geburtstag selbst geschenkt. Seit er 16 ist, besitzt er den Motorboot-Führerschein. Schon damals träumte er von einem eigenen Boot. Nick wurde schon am 28. Januar '98 volljährig, doch sein großer Traum vom eigenen Boot wurde erst Anfang Juli wahr, als er eine Bootbaufirma im Hafen von Tampa besichtigte und sich auf den ersten Blick in das sportlich-elegante Motorboot verliebte. Eine Woche später legte der blonde Traumboy endlich damit am hauseigenen Bootssteg des Carter-Anwesens in Ruskin an. Da traf es sich gut, daß die Backstreet Boys Anfang Juni eine achtwöchige Pause einlegten –so konnte Nick mit seinem Bruder und seinem Dad sehr oft zum Angeln rausfahren.

»Wir sind gleich da!« schreit Nick und zeigt mit dem Finger auf eine Bucht zwischen zwei winzigen, unbewohnten Inselchen. Schon seit Jahren fischen die Carters hier. »Hey, dort drüben sind Delphine!«, ruft Aaron und macht schon mal seine Angel klar. Auch Vater Bob ist Feuer und Flamme und wühlt geschäftig in seinem Angelkoffer. Köder, Haken, eine neue Rolle, ein Messer und einen großen Eimer holt er schließlich heraus. Wo Delphine sind, ist mit Sicherheit ein großer Fischschwarm nicht weit. Außerdem treiben die intelligenten

Nicholas Gene Carter

Tümmler die Fischschwärme oft auf die Boote der Angler zu – besonders wenn sie sich selbst schon satt gefressen haben.

Nick schaltet den Motor aus und holt ebenfalls seine Angel. Mit flinken Fingern befestigt er seinen Köder am Haken, holt weit aus und wirft die Angelschnur ins klare Wasser. Auch Bob und Aaron, die an der anderen Bootsseite stehen, werfen ihre Köder aus. Bob streut sogar noch ein paar lose Brotklumpen ins Wasser. »Da können Fische nicht widerstehen«, schmunzelt der erfahrene Fischer.

Stille senkt sich über das sanft schaukelnde weiße Motorboot. Trotz der frühen Stunde brennt die Sonne schon erbarmungslos vom strahlendblauen Himmel, weit und breit sind keine Wolken zu sehen. Da zuckt plötzlich Aarons Angel. »Hey, Jungs, ich glaub', bei mir hängt ein Hai an der Leine«, meint der kleinste Carter-Boy scherzhaft und zieht mit einem geschickten Ruck seine Angel aus dem Wasser. Ein glänzender, mittelgroßer Fisch hängt am Haken und versucht zappelnd, sich zu befreien. Doch ehe er sich versieht, landet er schon im Wassereimer auf Deck. Fast den ganzen Vormittag verbringen die drei auf dem Wasser und angeln um die Wette. Nick und Bob fangen auch einige Speisefische, doch Aaron kann keiner schlagen: Sein Eimer ist bis zum Rand gefüllt mit Fisch.

Glücklich fahren sie wieder nach Hause, parken das Motorboot am hauseigenen Landesteg und präsentieren Mutter Jane und den Geschwistern B.J., Lesley und Angel die zahlreichen Fische in ihren Eimern. Klar, daß jetzt erst mal ein paar Tage lang bei den Carters nur Fisch auf den Teller kommt. Es ist das erste Mal seit langer Zeit, daß die ganze Familie wieder vollzählig zu Hause ist. Entweder ist Nick ständig auf Tour mit den Backstreet Boys oder Aaron befindet sich gerade auf Promotion-Tour in Europa und Asien. Die Jungs werden zwar meistens von einem der Elternteile begleitet, doch gerade in letzter Zeit war Nick oft allein unterwegs, da Jane mit Aaron reiste und Vater Bob mit den Mädchen zu Hause blieb. Um so mehr genießt die ganze Familie diese gemeinsamen Wochen im Sommer '98 in ihrem großen Haus am Wasser. Besonders Nick blüht wieder regelrecht auf, fühlt sich zurückversetzt in seine unbeschwerte Kindheit, die er hier verbracht hat. Immer wenn er zu Hause ist, verwandelt er sich wieder in den kleinen Jungen von nebenan.

Geboren wurde Nicholas Gene Carter am 28. Januar 1980 in Jamestown/New York. Im zarten Alter von drei Jahren zog er mit seinen Eltern Jane und Bob Carter nach Ruskin/Florida. In dieser verschlafenen Kleinstadt, 30 Kilometer südlich von Tampa, fühlte sich Nick vom ersten Tag an superwohl. Das Haus seiner Eltern liegt direkt an einem Inlay (einer Wasserstraße) der Tampa-Bay. Hier lernte Wasserratte Nick nicht nur schwimmen, sondern auch mit einer Angel und einem Boot umzugehen. Stundenlang hielt er sich am Landesteg auf, beobachtete das Wasser, träumte davon, später einmal Kapitän zu werden und über die großen Weltmeere zu fahren. Doch seine Eltern erkannten und förderten schon früh ein anderes Talent ihres süßen Bengels: Nick hatte ein unwahrscheinlich gutes Gespür für Musik, Rhythmus und die Schauspielerei. Als er mit sieben Jahren bei einer Schulaufführung eine Rolle im Musical »Das Phantom der Oper« spielte, begeisterte er mit seinem Talent und seinem niedlichen Wesen das ganze Publikum. Der Applaus wollte nicht mehr enden! Da beschloß Nick, daß er später doch lieber Entertainer als Kapitän werden wollte. Seine Eltern förderten und unterstützten ihren Sprößling, wo sie nur konnten. Als Kinderdarsteller spielte er in unzähligen Fernseh-Werbespots und Serien mit. Außerdem hatte der schüchterne Nick eine kleine

Nebenrolle im bekannten Kinoschlager »Edward mit den Scherenhänden« mit Johnny Depp und Winona Ryder. Auch im Movie »Elektra« glänzte er als Kinderdarsteller in einer Nebenrolle. Mit 11 Jahren gelang ihm etwas Unglaubliches: Nick gewann den zweiten Platz eines amerikaweiten Gesangswettbewerbs! Seine Version des Hits »Great Balls Of Fire« von Jerry Lee Lewis begeisterte das Publikum. Der süße Nick wurde immer erfolgreicher, reiste kreuz und quer durch Florida, sang ganz allein bei heimischen Football-Spielen der »Tampa Bucchaneers« vor jedesmal rund 50.000 Zuschauern! Doch mit dem Erfolg wuchs auch die Zahl der Neider. In der Schule war Nick plötzlich ein Außenseiter, da viele seiner Klassenkameraden ihm den Erfolg nicht gönnten und über ihn herzogen.

In dieser einsamen Zeit entdeckte der sympathische Boy seine Liebe zu Videospielen. Seit er elf ist, schleppt Nick immer ein Nintendo-Gameboy mit sich herum. Und wenn der Gameboy-Freak auf Tour ist, dann hat er immer eine Sega-Playstation dabei. Sogar im brandneuen Aufnahmestudio der Backstreet Boys in der Sand Lake Road in Orlando hat Inhaber Louis Perlman für Nick und die anderen Jungs ein eigenes Game-Zimmer eingerichtet – mit einem riesigen Fernsehschirm, mehreren Spielkonsolen und einer großen Auswahl an Spielen, die im Wandregal liegen. So können die Boys sogar während der Studioaufnahmen allein oder gegeneinander spielen. Und meist ist Nick derjenige, der von keinem zu schlagen ist!

Als Nick 13 Jahre alt ist, läuft er bei verschiedenen Castings A.J. und Howie über den Weg. Die drei kennen sich vom Sehen her, doch zu diesem Zeitpunkt sind sie noch weit entfernt von einer Freundschaft. Erst als die drei zusammen zum Casting zu Louis, Johnny und Donna eingeladen werden, kommen sie sich näher. Das

Trio findet auf Anhieb einen guten Draht zueinander. Bald darauf kommt noch Kevin dazu, und die vier fangen an, miteinander zu singen und zu proben. Doch erst als am 20. April 1993 Kevins Cousin Brian in die Gemeinschaft aufgenommen wird, ist die Besetzung perfekt – dies ist die Geburtsstunde der Backstreet Boys.

Schnell kristallisiert sich heraus, daß Nick die Mädchenherzen nur so zufliegen: Überall, wo sie in den Monaten nach ihrer Gründung auftauchen, wird Nick von den Girls umschwärmt. Besonders nach ihrem ersten Hit »We've Got It Goin' On« Anfang 1996 in Deutschland kann Nick sich nicht mehr vor verliebten Mädchen retten – sie verfolgen ihn auf Schritt und Tritt. Dies bringt ihm natürlich auch jede Menge Hänseleien seiner Bandkumpels ein. Besonders Brian konnte es nie lassen, den jüngsten BSB auf die Schippe zu nehmen: Oft sah man ihn vor Nick knien und so tun, als würde er ihm eine Liebeserklärung machen. Zu dieser Zeit ging das Nick natürlich total auf die Nerven – mittlerweile hat sich der 18jährige längst an diese Scherze gewöhnt und spielt sogar mit.

Seit ihrer ersten Single-Veröffentlichung im September 1995 leben Nick und Co. aus dem Koffer. Die ersten beiden Jahre war der süße Boy mit den blonden Haaren viel öfter in Deutschland als in seinem Heimatland. Damals war Nick noch schulpflichtig und wurde auf Reisen zusammen mit A.J. von einer Privatlehrerin unterrichtet. Zu den Prüfungen mußte er jedesmal wieder nach Orlando fliegen. Für seine Hobbys hat Nick seit seinem weltweiten Erfolg mit den Backstreet Boys leider nicht mehr so viel Zeit. Dabei zeichnet er für sein Leben gerne Comicfiguren, sammelt Beanie Babies, taucht am liebsten mit Delphinen um die Wette und spielt Basketball. Sein Zimmer zu Hause in Ruskin ist ein einziger Comic-Strip: Überall an den Wänden hängen seine gezeichneten Werke. In einer Glasvitrine liegen Nicks gesammelte Beanie Babies – insgesamt hat er schon über 100 Stück davon! Außerdem sammelt der Mädchenschwarm die Figuren aus dem Videogame-Spiel Final Fantasy. Der Held dieses Spiels heißt Claude Stife und hat blonde Haare. »Falls mal daraus ein Film entstehen soll, möchte ich unbedingt seine Rolle spielen«, verrät der Backstreet Boy.

Nicks Reich ist zwar nicht so groß, doch seit sein Drum-Kit nicht mehr mitten im Zimmer steht, kann er wieder mit Aaron um die Wette auf sein großes Bett springen.

Vater Bob hat den beiden Jungs (Aaron ist mittlerweile auch auf dem Weg, ein großer Popstar zu werden) die Garage zum hauseigenen Studio umbauen lassen. Jetzt stehen zwar die Autos im Freien, doch dafür haben Nick und Aaron ihre eigenen Proberäume, ein kleines Tonstudio und sämtliche Instrumente zu Hause. Schon als kleiner Junge hatte Nick eine besondere Vorliebe fürs Schlagzeug. Ständig nervte er seine Eltern mit dem ewigen Gehämmere auf Töpfe, Pfannen, Eimer… einfach alles nahm er zum Üben her, ohne Rücksicht auf Verluste. Nach ein paar Wochen kapitulierten seine Eltern endlich und schickten ihn zum Schlagzeugunterricht. Wenig später hatte Nick sein eigenes Drum-Kit zu Hause stehen und übte, wann immer er Zeit hatte. Und daß er ein sehr guter Drummer ist, bewies Nick auf der »We-Wanna-Be-With-You-Tour« im Sommer 1996. Zusammen mit Kevin als Keyboarder spielte er den Song »Don't Let The Sun Go Down On Me« aus der Feder von Elton John.

In seinem Freundeskreis ist Nick auch bekannt dafür, daß er alle möglichen Tiere bei sich aufnimmt. Egal, ob Katzen, Hunde, Vögel – Nicks Herz wird beim Anblick eines hilflosen Tieres weich. Unzählige Katzen hat er als kleiner Junge zu Hause angeschleppt. Früher hatten die Carters einen kleinen Scotchterrier »Bubu«. Leider ertrank Bubu eines Tages, als die Carters mit dem Boot wegfahren wollten. Bubu sprang ihnen hinterher und wurde vom Sog der Bootsschraube in die Tiefe gezogen. Die Kinder waren tagelang unansprechbar und trauerten um ihren geliebten Hund. Doch mittlerweile hat Nick von seinen Eltern zwei kleine süße Mopsbabys geschenkt bekommen. Sie heißen William und Michael und sind Nicks ganzer Stolz. Am liebsten würde er sie überall mit hinnehmen, doch das wäre wohl für die zwei kleinen Hunde zuviel.

Wer Nick kennt, weiß, daß er die lebende Unordnung ist. In seinen Taschen und Koffern herrscht immer ein kreatives Chaos. Und sobald der Mädchenschwarm etwas aus der Hand legt, vergißt er schon im nächsten Moment, wo er es hingelegt hat. Besonders Pässe haben es ihm angetan. Jane mußte für ihren Sohnemann schon drei neue beantragen. Mittlerweile hat sie es sich angewöhnt, auf Tour immer einen Ersatzpaß für Nick mitzunehmen.

Am Anfang seiner Karriere führte Nick eine Art Comic-Tagebuch. Er gab jedem der Bandmitglieder einen selbstentworfenen Charakter und zeichnete richtige Folgen – die Backstreet Boys als Superman-Helden, die jedes Abenteuer zusammen bestehen. Eigentlich hatte Nick vor, dieses Tagebuch eines Tages zu veröffentlichen – doch daraus ist leider aus Zeitmangel nie etwas geworden. Heute findet er sehr selten Zeit zum Zeichnen. In jeder freien Minute arbeitet er an seinen Songs. Nick plant, im Jahr 1999 ein eigenes Soloalbum auf den Markt zu bringen. Dafür textet, komponiert und singt er sogar bis spät in die Nacht hinein.

Das heißt aber nicht, daß Nick bei den Backstreet Boys aussteigen will. Ganz im Gegenteil – noch nie waren die BSB so eng miteinander verbunden wie zur Zeit. Brians Herzoperation und die ganzen Gerüchte um die Zukunft der Band schweißten die Jungs noch mehr zusammen, als sie es ohnehin schon waren.

Mit seinem Charme erobert Nick alle Mädchenherzen. Bevor der große Durchbruch für die BSB kam, hatte Nick eine Freundin zu Hause in Orlando. Sie hat sich aber von ihm getrennt, weil er sie von Europa aus nie angerufen hat. Nick ist ein großer Charmeur, der für sein Leben gerne flirtet. Doch seine große Liebe ist dem attraktiven Blondschopf noch nicht über den Weg gelaufen. Schon in der Schule galt der Traumboy mit den wasserblauen Augen als Herzensbrecher. Seinen allerersten Kuß bekam Nick während einer Schulaufführung. Als er hinter dem Vorhang wartete, kam das Mädchen, das die weibliche Hauptrolle spielte, und küßte ihn auf den Mund. »Es war toll! Leider habe ich wegen des Kusses meinen ganzen Text vergessen und stand völlig verdutzt und mit knallroter Birne auf der Bühne«, sagt er. Das mutige Mädchen hieß Brenda und ging in die Klasse unter ihm. Momentan stehen die Chancen schlecht, daß Nick sich verliebt. Zu sehr ist er mit anderen Dingen beschäftigt: die große USA-Tour, sein Soloalbum, das ständige Herumreisen mit den Jungs. Was Nick will, ist eine tiefe, romantische Liebe zu einem Mächen – und nicht nur eine Affäre für eine Nacht.

Steckbrief

Name:	Nicholas Gene Carter
Spitzname:	Nick
Geburtstag:	28. Januar 1980
Geburtsort:	Jamestown, New York/USA
Sternzeichen:	Wassermann
Größe:	1,80 m
Gewicht:	69 kg

Augenfarbe:	blau
Haarfarbe:	blond
Eltern:	Mum Jane, Vater Bob Carter
Geschwister:	Bobbie Jane (16), Leslie (13), Aaron (11) und Angel (11)
Hobbys:	Tauchen, Basketballspielen, Zeichnen und Nintendo spielen
Schule:	Highschool-Abschluß
bes. Merkmal:	seine blauen Augen
Markenzeichen:	die Frisur (Mittelscheitel, blonde Strähnen!)
Lieblingsessen:	Pizza
Lieblingsdrink:	Coke
Lieblingsspruch:	»It's all good!« (dt.: »Alles prima!«)
Lieblingssänger:	Steve Perry
Lieblingsgruppe:	Boyz II Men, Nirvana
aktuelles Auto:	Ford Pickup

Kevin Scott Richardson – Der romantische Draufgänger!

Mit einem Knopfdruck macht Kevin seinen Fernseher aus und wirft die Fernbedienung lässig auf sein völlig zerwühltes Hotelbett. Obwohl es erst 6.30 Uhr morgens ist, hat sich der 26jährige schon aus der Falle gequält, die Zähne geputzt und ist in seinen Trainingsanzug geschlüpft. Er zieht seine Turnschuhe an, schnappt sich noch eine Flasche Wasser aus der Minibar und verläßt sein Zimmer. Mit dem Lift geht es runter in den Keller des Hilton Hotels in Washington. Genau eine Stunde lang will Kevin seinen 75-Kilo-Traumbody ein wenig auf Vordermann bringen.

Vor knapp zehn Jahren fing er mit Bodybuilding an. »Als ich in die Pubertät kam und in die Höhe schoß, war ich groß und schlaksig. Also nahm mich mein Bruder mit ins Gym. Bis ich die ersten Erfolge sah, dauerte es aber noch eine ganze Weile«, verrät Kevin. Heute ist kein Fitneßraum mehr vor ihm sicher. Bis zu viermal pro Woche zwischen 60 und 90 Minuten schwitzt Kev durchschnittlich, wobei er abwechselnd bestimmte Körperregionen trainiert. Sein Fitneßplan: »An einem Tag mache ich Übungen für Beine, Po und Rücken. Am nächsten für Bauch, Brust und Schultern. Am dritten trainiere ich Arme und Ausdauer. Auf diese Weise kann sich immer eine Muskelgruppe relaxen. Wenn du nämlich zu viel und zu schnell trainierst, hast du außer einem mächtigen Muskelkater nichts von deinem Training.« Zu Hause in Orlando geht er in den exklusiven »Health Club«, der über mehrere Saunen, Pools, eine Massage-Abteilung und natürlich jede Menge Folterinstrumente auf dem modernsten Stand verfügt. Die Fitneß-Räume in den großen Hotels sind dagegen nicht so gut ausgestattet, doch Kev findet immer einen Stepper, ein Konditionsrad oder ein paar Hanteln.

Zuerst wärmt er sich mit einigen Dehnübungen auf. Dann steigt er auf den Stepper, der im Fitneßjargon auch »Tretmühle« genannt wird. Auf der digitalen Anzeige kann Kevin genau einstellen, wie viele Stufen eines Wolkenkratzers er gerne heraufklettern möchte und wie hoch der Schwierigkeitsgrad sein soll. Nach 15 Minuten ist Kev im 48. Stockwerk angekommen und hat insgesamt fast 400 Kalorien verbrannt. Da er außer ein paar Schluck Wasser noch nichts zu sich genommen hat, knurrt ihm schon langsam der Magen. Bis zum Frühstück ist aber noch Zeit. Kev kümmert sich erst mal um seine Bauchmuskeln. Er nimmt eine Hantelbank und lehnt sie schräg nach oben an die Sprossenwand auf der hinteren Seite des Raumes. Dann legt er sich auf den Rücken, so daß seine Füße höher liegen als sein Kopf und er mit den Schuhen an der Sprossenwand Halt findet. Dann legt er los: zuerst mit zehn geraden sit-ups. Dann folgen je zehn schräge, wobei er die Arme hinter dem Kopf verschränkt hält und den Oberkörper so dreht, daß immer der Ellenbogen zum gegenüberliegenden Knie zeigt. Auf diese Weise trainiert man die seitlichen Bauchmuskeln. Nach einer kurzen Pause wiederholt er die Übungen noch zweimal.

Für die Brustmuskeln sind Liegestütze und Klimmzüge am besten. Auch da kann ihm keiner der anderen Backstreet Boys das Wasser reichen. An guten Tagen

Kevin Scott Richardson

schafft Kev bis zu 300 (!) Liegestütze – natürlich nicht auf einmal, sondern in mehreren Sätzen mit 50 Wiederholungen. Absolutes Highlight: Kevs einarmige Liegestütze. Rechts schafft er drei, links packt der Linkshänder sogar fünf Power-Liegestütze hintereinander.

Auch A.J. und Howie haben eine Zeitlang mit Kevin trainiert. Doch irgendwann verloren sie das Interesse. Kevins Cousin Brian hat vor seiner Herzoperation regelmäßig trainiert. Seither erlaubt der Arzt ihm nur noch ganz leichte Übungen. »Als ich meinen Blinddarm herausbekommen habe, mußte ich auch eine Pause machen«, erzählt Kevin, der den kleinen Wurmfortsatz on tour in Hamburg entfernt bekam.

Wer Brian und Kevin zusammen erlebt, der könnte auch denken, daß sie Brüder sind. Brian hat Kev eine Menge zu verdanken. Das wird er niemals in seinem Leben vergessen. Wenn Kev nicht gewesen wäre, würde sich Brian wahrscheinlich noch in Hörsälen und Unibibliotheken herumtreiben und Marketing studieren. Als Kevin seinen Cousin als weiteres Mitglied der Backstreet Boys vorschlug, waren die anderen Jungs und auch das Management erst einmal skeptisch. Sie hatten ja keine Ahnung, daß es da unten in Kentucky so eine hochtalentierte Goldkehle gab. Als Brian dann vorsang, verflogen die letzten Zweifel sehr schnell. Wenn die beiden Cousins zusammensitzen, hört man ihren Kentucky-Akzent erst so richtig. Kein Wunder, daß Howie, Nick und A.J. gerne Witze darüber machen.

Kevins bester Freund ist ebenfalls aus Kentucky. Es ist Keith McDuffy, der als Rapper unter dem Namen Trey D. schon Charts-Luft geschnuppert hat. Keith und Kevin lernten sich als Kinder kennen. Kev wurde am 3. Oktober 1972 in Lexington als jüngster von drei Brüdern geboren. Er dürfte ungefähr neun Jahre alt gewesen sein, als die Richardsons von Lexington nach Irving umzogen.

Kevins Dad nahm einen neuen Job an und veranstaltete jeden Sommer Feriencamps in den Bergen. Mit seinen Brüdern Jerald und Tim verbrachte Kevin eine sorglose Kindheit. Alles, was er von ihnen lernen konnte, brachte er seinem besten Kumpel Keith bei. Keith war ein totales Stadtkind. Kevin dagegen wuchs auf einer zehn Hektar großen Farm auf. Er lernte reiten, bevor er laufen konnte. Er mistete die Ställe aus und kümmerte sich mit seinen Brüdern um die drei Pferde der Richardson-Farm. Kev und Keith verbrachten jeden Sommer zusammen. Sie tobten sich aus. Sie prügelten sich mit anderen Jungs, veranstalteten Rodeos. Reiten war das eine Abenteuer, Moto-Cross-Fahren das andere. »Wir haben uns jeden Knochen im Leib mindestens einmal gebrochen«, erzählen die beiden Rabauken heute gerne. Zwei Narben stammen aus dieser Zeit: die unter Kevins linkem Auge und die auf seiner Stirn.

Sobald die beiden wilden Jungs allerdings an dem alten Piano des Camps saßen, verwandelten sie sich in absolute Romantiker. »Keith kannte schon ein paar Akkorde. Den Rest haben wir uns dann einfach selbst beigebracht«, verrät Kevin. Die beiden konnten schon bald ihre Lieblingshits aus dem Radio nachspielen und begannen schon recht früh ihre eigenen Songs zu schreiben. Bald spielten sie in Bands mit und standen erstmals gemeinsam auf der Bühne. Wer Kevin ein bißchen besser kennt, der weiß, daß er kein idealeres Instrument für sich hätte finden können. Der romantische Waageboy sitzt heute noch oft ganze Nächte lang am Klavier und komponiert oder spielt sich einfach seine schlechte Laune oder gar seine Trauer von der Seele. Manchmal wird daraus ein Song, so wie »10.000 Promises«. Mittlerweile nimmt Kev auf Reisen ein komplettes Ministudio mit. Er kann es in jedem Hotelzimmer problemlos aufbauen und loslegen. Wenn er seine riesigen Kopfhörer aufsetzt, versinkt er in seiner eigenen Welt und kann sicher sein, daß niemand was hört.

Mit 14 bekam Kev die erste Hauptrolle in dem Schul-Musical »Bye Bye Birdie«. Schon damals zog er alle Register seines Könnens: Er sang, spielte seine Rolle überzeugend und hatte einen tollen Solopart am Piano. »Wir Girls in der ersten Reihe sind einfach dahingeschmolzen«, erinnert sich seine erste Freundin Christie Flynn. Beim ersten Rendezvous holte er sie mit einer Rose und ganz schmutzigen Händen ab. Sein alter VW Käfer brauchte ausgerechnet auf dem Weg zu Christie einen neuen Keilriemen. Was der Romantik aber keinen Abbruch tat, denn Kev und Christie wurden ein Paar und blieben es auch die nächsten drei Jahre lang.

»Meine Beziehungen dauerten immer länger. Ich bin kein Typ für einen schnellen Flirt«, behauptet Kevin. Das sagen viele Jungs. Bei ihm scheint's wirklich zu stimmen. Auch seine letzte Beziehung dauerte viele Jahre. »Christine ist Profitänzerin und lebt in New York. Sie war schon ein kleiner Star am Broadway, als ich mit den Boys noch in ganz schlimmen Clubs aufgetreten bin. Sie hat mich immer besucht und mir Mut gemacht, als ich das Gefühl hatte, wir schaffen es nicht. Damals entwickelte sich ›We've Got It Goin' On‹ in den USA gerade zum Flop. Sie ließ alles stehen und liegen, stieg ins Flugzeug und kam nach Boston. Während wir uns gerade auf einen Auftritt vorbereiteten, stand sie plötzlich in der Garderobe. Wir fielen uns in die Arme und weinten vor Glück. Sie wußte genau, daß ich sie in diesem Moment mehr brauchte als alles andere«, erzählt Kevin.

Auch wenn die beiden sich nicht oft sahen, schien ihr Glück perfekt. Es hielt aber nur noch ein knappes Jahr. Die Backstreet Boys eroberten Germany und verbrachten viel Zeit in Europa. Auf ihrer ersten eigenen Tour bekam Kevin einen Anruf von Christine. Sie beendete die

Beziehung. Das war ein ziemlicher Schlag. Vor seiner Abreise nach Deutschland hatte Kevin schon die Verlobungsringe gekauft. Er hat sie bis heute aufgehoben. Vielleicht ist das ein Zeichen dafür, daß er doch noch an ein Happy-End glaubt. Jedenfalls wird er diesen Abend in Deutschland nie vergessen. Er ging nach Christines Anruf mit seinem besten Freund zum Italiener. Auf Keith, der im Vorprogramm der Boys auftrat, konnte er sich verlassen. Schließlich haben die beiden schon Schlimmeres ausgestanden.

Am 26. August 1991 starb Kevins Vater Gerald Wayne Richardson an Krebs. Für den sensiblen Kevin brach eine Welt zusammen. Monatelang versank er in tiefem Schmerz, trauerte so um den geliebten Vater, daß er sich um ein Haar selbst aufgegeben hätte. Er aß kaum noch, magerte ab. Keith kümmerte sich rührend um seinen Freund. Langsam kam der alte Lebensmut zurück. Sie gingen gemeinsam ins Gym, machten lange Ausflüge und fingen langsam an, über das zu sprechen, was geschehen war. Kevin begann, den Tod seines Vaters zu verarbeiten. Zusammen mit seinen Brüdern half er seiner Mutter Ann, wo er nur konnte. Sie ist die wichtigste Frau in seinem Leben und sehr stolz auf ihren Sohn. Nicht zuletzt für die tollen Worte, die Kevin für seinen verstorbenen Vater fand: »Er war der tollste Mann, den ich kannte. Wenn ich nur halb der Ehemann, Vater und Freund sein kann, der du warst, dann würde ich sagen, daß ich erfolgreich bin. Ich vermisse dich, Dad. Ich widme dieses Album meinem Vater Gerald Wayne Richardson.« Diese Widmung findet sich auf dem ersten BSB-Album und rührte Millionen Fans auf der ganzen Welt zu Tränen.

Eigentlich wollte Kevin, genau wie sein Großvater, Pilot werden. Schon als Kind durfte er mit seinem Grandpa in dessen Cessna mitfliegen. Als er 18 Jahre alt war, wollte Kev ernsthaft zur Luftwaffe, der US-Air

Force. Er bestand sogar den Eignungstest. Im letzten Moment entschied er sich aber für die Musik und stieg bei einer Band namens Paradise ein, die Songs aus den Top 40 nachspielten und für ein paar Dollars in Clubs und auf Hochzeiten und Schulfesten auftraten.

Nach seinem Abschluß an der High-School verließ Kev zusammen mit seinem Bruder Jerald Jr. das verschlafene Irving und machte sich auf nach New York. Die beiden gutaussehenden Jungs kamen unglaublich gut bei den Girls an. Auf einer Party lernten sie einige Leute aus dem Fashion-Business kennen. Sie machten Probeaufnahmen, bekamen ihre erste Setkarte und verdienten schon bald ihre ersten Dollars als Model.

Kevin durchschaute das oberflächliche Modelleben allerdings ziemlich schnell. Er wollte mehr als nur ein hübscher Kleiderständer sein und nahm Schauspielunterricht. Irgendwie verschlug es ihn dann nach Orlando. Die Stadt an der Ostküste Floridas schickte sich an, Hollywood Konkurrenz zu machen. Es gab Studios, Castings und jede Menge Jobs für junge Talente wie ihn. Kevin investierte sein letztes Geld in ein Flugticket. Er suchte sich ein Zimmer in einer WG und jobbte als Tanz- und Klavierlehrer und als Tourguide in Disneyworld. »Er hatte etwas Unwiderstehliches«, erinnert sich Donna Wright an das erste Casting, »wir hatten mit Howie den Latin Lover, mit Nick den Mädchenschwarm, mit A.J. das verrückte Huhn – und plötzlich hatten wir den smarten, höflichen Kevin, der die Rasselbande anführen konnte.« Außerdem war Kev hochtalentiert und konnte bei den A-cappella-Songs die tiefe Stimme übernehmen. Sein größtes Kapital war sein Selbstvertrauen: Kevin gab die ersten Interviews, als hätte er nie etwas anderes gemacht. Er zeigte seinen jüngeren Freunden, wie man sich benehmen mußte. Howie, Nick und A.J. waren damals noch sehr schüchtern. Sie bewunderten Kev, eiferten ihm nach und lernten jede Menge von ihrem »großen Bruder«.

Aber es gab auch bittere Momente. Wenn sie bei den Liveauftritten patzten, bei Livesendungen von Radiostationen den Ton nicht trafen, konnte Kevin regelrecht ausrasten. Er hatte die Idee, jeden Auftritt mit einer Videokamera aufzunehmen, um danach im Tourbus eine ausführliche Analyse zu machen, die meist mit einer Standpauke endete.

»Ich habe das von meinen Brüdern gelernt. Wenn ich Mist gebaut hatte, dann mußte ich dafür geradestehen. Alle für einen, einer für alle – das ist doch ein sehr heroisches Motto. Am Anfang dachten die Boys, sie wären auf einer Kaffeefahrt«, erinnert sich Kev. Es besteht kein Zweifel: Ohne seinen Ehrgeiz wären die Backstreet Boys nicht das, was sie heute sind.

Auch in geschäftlicher Richtung ist Kevin ein absolutes Vorbild. Die Backstreet Boys sind ja nicht nur fünf erfolgreiche Sänger. Nein, jeder der Boys ist Teilhaber einiger Firmen, die Teile des großen BSB-Imperiums sind. Kevin übernimmt innerhalb des Firmenkonsortiums schon sehr wichtige Aufgaben. Da er über ein Jahr lang in Louis' Haus gelebt hat, ist ihm der BSB-Entdecker so etwas wie ein Vaterersatz geworden. Die beiden teilen die Vorliebe für gutes italienisches Essen. Und bei diesen Essen hat Lou ihn in viele Tricks des Big Business eingeweiht.

So kann sich Kevin mittlerweile gut vorstellen, später mal den hauseigenen Musikverlag oder die Plattenfirma zu leiten. »Irgendwann werde ich seßhaft und gründe eine Familie. Trotzdem möchte ich dann noch was mit Musik zu tun haben«, wünscht er sich.

Steckbrief

Name:	Kevin Scott Richardson
Spitzname:	Kev
Geburtstag:	3. Oktober 1971
Geburtsort:	Lexington, Kentucky/USA
Sternzeichen:	Waage
Größe:	1,86 m
Gewicht:	76 kg
Augenfarbe:	grün
Haarfarbe:	braun
Eltern:	Mum Ann, Vater Gerald Wayne (starb 1991)
Geschwister:	Brüder Jerald Jr. (33) und Tim (30)
Hobbys:	Bodybuilding, Basketball, Surfen, Lovesongs auf dem Piano schreiben
Schule:	High-School-Abschluß
bes. Merkmal:	kleine Narbe unter dem linken Auge und auf der Stirn, buschige Augenbrauen
Markenzeichen:	muskulöser Body
Lieblingsessen:	italienische Küche
Lieblingsdrink:	Eistee
Lieblingsspruch:	»You´d Better Talk To My Lawyer!« (auf deutsch: »Sprich lieber mit meinem Anwalt!«)
Lieblingssänger:	Elton John, Sting, Prince, Seal
Lieblingsgruppe:	Depeche Mode, Aerosmith, Boys II Men
aktuelles Auto:	schwarzer Pathfinder-Jeep

Brian
Thomas Littrell –
Der gefühlvolle
Herzbube!

Die Sonne strahlt vom wolkenlosen Himmel in Bristow bei Washington, D.C. Im Nissan Pavillon werden die Backstreet Boys gegen acht Uhr die sechste Show ihrer 70-Tage-Tour durch die USA starten. Es ist kurz vor 13 Uhr und ein ganz besonderer Tag im Juli. Denn bevor Nick, Howie, Brian, Kevin und A.J. in die Halle dürfen, um ihren täglichen Soundcheck zu absolvieren, gibt es eine Pressekonferenz für die eigens angereisten Journalisten aus der ganzen Welt.

Für die TV- und Radiostationen und etwa 50 Pressevertreter ist die laufende US-Tour Nebensache. Für sie gibt es nur ein zentrales Thema: Wie geht es Brian?

Anfang Mai verschwindet der sympathische Leadsänger sang- und klanglos, um sich am offenen Herzen operieren zu lassen. Nach dem Videodreh zur 98er-Version von »I'll Never Break Your Heart« bleibt Brian in Los Angeles, während die anderen Boys in den verdienten Urlaub zurück nach Orlando düsen. Nur Brians Eltern Jackie und Harold Littrell wissen, wo die Operation stattfinden wird. Sie mieten sich in der Nähe des »Cedars Sinai Medical Center« in L.A. ein, um ihrem Sohn ganz nah zu sein. Der riesige Krankenhaus-Komplex gilt als Tempel der modernen Medizin. Hollywoods Megastars wie Madonna bekommen hier ihre Kinder oder springen dem Tod noch einmal von der Schippe, wie unlängst der Schauspieler Charlie Sheen nach einer Überdosis Drogen.

Unter dem Applaus der Anwesenden beginnen die Backstreet Boys schließlich ihre internationale Pressekonferenz. Da die US-Tour ein ähnliches Konzept hat wie die Tourneen in ganz Europa, Kanada und ausschnittsweise auch Südamerika, gibt es nicht viel zu erzählen. Außer, daß die Boys mit ihrem Gesangslehrer Doc Holliday an einigen Gesangspassagen getüftelt und mit ihrer Choreographin Fatima neue Tanzschritte einstudiert haben. Anschließend wird noch ein bißchen über das neue Album rumgedruckst. »Das kommt erst Anfang '99, genau wie die nächste Single«, verrät Kevin – für Insider längst kein Geheimnis mehr. Ein junger Reporter aus Spanien traut sich dann endlich und stellt Brian die erste Frage: »Wie hast du deine Herz-OP überstanden?« Brian erzählt, daß er fünf Kilo abgenommen habe, sich noch ein bißchen schwach fühle, nach den Shows viel Ruhe braucht und sich überhaupt nicht aufregen dürfe – besonders nicht über Fragen von Journalisten. Er erntet einen Lacher, und die Damen und Herren der Presse stochern noch ein wenig, wenn auch betont vorsichtig, in seiner Krankengeschichte, bevor sie nach 15 Minuten abziehen.

Beim Interview mit MTV Europe taut Brian dann aber richtig auf. Als er in den kleinen Raum kommt, wo der Musikkanal seine Kamera aufgebaut hat, sieht man erstmals, wie dünn der Blondschopf wirklich geworden ist. Das T-Shirt und die kurze Sporthose schlackern an seinem abgemagerten Körper. Die Redakteurin des Senders ist hübsch und hat ein paar echt coole Fragen drauf. Also beginnt B-Rok mit leiser, fast ein bißchen heiser klingender Stimme zu erzählen: »Bereits Ende letzten Jahres stellten die Ärzte im St. Joseph´s Hospital in meiner Heimatstadt Lexington fest, daß das Loch in meinem Herzen wieder größer geworden war....«

Brian Thomas Littrell

Sie empfehlen Brian, einen Spezialisten in Los Angeles aufzusuchen. Das Team im Herzzentrum ist besorgt, will sofort operieren. Brian leidet bereits seit seiner Geburt an einem Septum-Ventrikel-Defekt. Zwischen einem Vorhof und einer Herzkammer ist das Loch lokalisiert. Das Problem besteht darin, daß sich sauerstoffreiches mit sauerstoffarmem Blut vermischt. Die Druckverhältnisse verändern sich ebenfalls. Die Folge: nicht vorhersehbare Langzeitschäden und eine durchaus verminderte Lebenserwartung. Der Schock der Diagnose sitzt tief. Brian will allerdings seine Kumpels nicht im Stich lassen. Da sind die ganzen Verpflichtungen und Verträge, die die Backstreet Boys abgeschlossen haben und die erfüllt werden müssen. Brian einigt sich auf einen OP-Termin für Anfang Mai ´98. Die Sommer-Tour in Deutschland wird auf Dezember verschoben. Seine Ärzte sind alles andere als begeistert, daß er noch fast ein halbes Jahr das stressige Leben eines Popstars fortsetzen will.

Anfang Mai wird Brian schließlich ins Krankenhaus eingeliefert und muß sich vor der Operation noch einigen Tests unterziehen. Zuerst hofft das OP-Team, man könne das Loch in Brians Herzen mit Hilfe einer Sonde, einem sogenannten Katheter, verschließen. Die Idee wird aber schnell verworfen. Die Ärzte entschließen sich zu einer Operation am offenen Herzen, die um einiges gefährlicher ist. Der Brustkorb muß seitlich vom Brustbein geöffnet werden. Das Herz soll für etwa 45 Minuten an die Herz-Lungen-Maschine angeschlossen werden und mit einem Elektroschock außer Gefecht gesetzt werden, so daß es für die Zeit des Eingriffs nicht mehr schlägt. Erst dann kann operiert werden. Dabei machen die Ärzte eine schlimme Entdeckung: Sie finden ein zweites Loch. Eine Komplikation, die die Operation auf über zwei Stunden verlängert. Brians Eltern Jackie und Harold warten besorgt im Aufenthaltsraum des Krankenhauses und beten um das

Leben ihres Sohnes. Dann kommt der Professor zu ihnen und teilt ihnen mit, daß die Operation gut verlaufen sei. Sie umarmen sich und weinen vor Glück.

Zwei Wochen nach dem Eingriff wird Brian aus dem Hospital entlassen. Die Eltern bringen ihn an einen geheimen Ort. Man fürchtet sich vor Paparazzi und Sensationsreportern. Brian soll sich ungestört ausruhen. Die anderen Boys rufen ihn zwar an, belasten ihn aber nicht zu sehr mit irgendwelchen Neuigkeiten. Die Medien reißen sich um die Story an Brians Krankenbett. Das Management lehnt ab und formuliert eine Presseerklärung: Die Fans sollen keine Briefe, Geschenke oder gar Blumen schicken, sondern werden aufgefordert, Spenden an den »Brian Littrell Endowment Fund For Pediatric Cardiology, St. Joseph's Hospital Foundation« zu schicken. Einige Fans halten das für den Beweis, daß Brian im St. Joseph's Hospital liegt und reisen tatsächlich nach Lexington. Die Enttäuschung ist natürlich groß. Andere schicken Briefe, in denen deutsche Geldscheine sind. Ob sie jemals angekommen sind, kann niemand sagen. Es gibt weder Unterlagen noch Spendenquittungen der Stiftung, und auch sonst hört man bald nichts mehr von der wohltätigen Organisation. Insider vermuten bald, daß das Ganze vielleicht nur ein Ablenkungsmanöver war. Das Management bittet darum, Brian in Ruhe zu lassen, und hat Erfolg.

»Es gibt die Stiftung wirklich, und ich werde zusammen mit den Jungs noch einiges an Aktionen auf die Beine stellen«, bekräftigt Brian vor laufender MTV-Kamera. Sie soll gerade Kindern und Jugendlichen mit Herzfehlern helfen, deren Eltern nicht gerade Millionäre sind. Kindern, wie Brian eines war.

Im Sommer 1980 stellen die Ärzte im St. Joseph's Hospital in Brians Heimatstadt Lexington fest, daß der damals fünfjährige Blondschopf nur noch einige Monate zu leben hat. Brian tobt wie immer mit seinem Bruder Harold herum, zieht sich dabei eine Wunde an der Hand zu und holt sich eine schlimme Blutvergiftung. »Ich hatte damals ein miserables Immunsystem. Innerhalb von einigen Tagen war mein Blut voll mit irgendwelchen Bakterien.« Bei einer Generaluntersuchung entdecken die Ärzte durch Zufall das Loch in seinem Herzen. Sie verordnen Brian absolute Ruhe. Er wird in die Klinik eingewiesen und hütet das Bett. Für den hyperaktiven Lausejungen beginnt eine schlimme Zeit. Er langweilt sich schrecklich. Außerdem sieht er nicht ein, warum er im Bett liegen soll. Schließlich fühlt er sich ganz gesund. Wie durch ein Wunder verschlechtert sich sein Zustand nicht. Im Gegenteil, Brian geht es von Tag zu Tag besser. Er verliert aber ein ganzes Schuljahr.

Brian darf schon bald wieder zu seiner Familie. Die Ärzte stellen fest, daß sich das Loch verkleinert, je stärker sein Herzmuskel wird. Bald tobt Brian wie früher mit seinem Bruder und seinem besten Freund Chris herum.

Jeden Sonntag gehen die Littrells in die Kirche. Sie sind strenggläubige Baptisten. Brian singt dort im Chor und fällt schon bald wegen seiner glasklaren Stimme auf, die alle anderen übertönt. Er wird gefördert, singt bald alle Soloparts und wird in der 150.000-Seelen-Gemeinde Lexington eine kleine Berühmtheit.

Seine Seele hängt aber nicht sosehr an der Musik. Brian ist völlig verrückt nach Basketball. Bei seiner Größe von 1,73 m muß er aber bald einsehen, daß aus der Profikarriere nichts werden wird.

Trotzdem verpassen ihm seine Freunde den Spitznamen B-Rok. Aus dem Basketball-Ausdruck »Shoot the rock!« für »Spiel den Ball ab!« und dem ersten Buchstaben seines Vornamens wird B-Rok.

Brian ist ein typischer Fische-Boy. Er wurde am 20. Februar 1975 um 16.00 Uhr in Lexington/Kentucky geboren. Sein Aszendent ist Löwe. Brian ist ein absoluter Gefühlsmensch, der sich nach einer starken Glaubensgrundlage sehnt. Die hat er in Gott gefunden. Sein komisches Talent wurde ihm bereits in die Wiege gelegt. Er kann in jede Rolle schlüpfen und seine Parodien der Disneyfiguren sind ein todsicherer Partygag. Außerdem weiß Brian ganz genau, wie er ein Mädchen um den Finger wickeln kann. Dabei verleiht ihm sein Löwe-Aszendent etwas Stolzes, Anmutiges. Wenn Brian ganz gefühlvoll eine Ballade für die Girls im Publikum singt, dann schlagen ihre Herzen höher. Dann wird aus dem Spaßvogel ein sensibler Romantiker.

Schon in der Schule hatte er so viele Verehrerinnen, daß er viermal zum Abschlußball ging, bevor er 1994 selber seinen High-School-Abschluß machte. Immer nahm ihn ein älteres Girl zum großen Abschluß-Ball mit. Hier bekam er auch seinen ersten Kuß.

Mit 16 machte Brian seinen Führerschein und kaufte sich einen Honda Civic. Den Kredit von der Bank über 3.000 Dollar zahlte Brian innerhalb von zwei Jahren ab. Er jobbte damals, sooft er konnte, bei McDonalds, obwohl er sich im Gegensatz zu Nick und A.J. nicht viel aus Fast food macht.

Brian lernte jedenfalls schnell, wie man mit Geld umgeht. Er war es auch, der sich dafür einsetzte, daß die Verträge zwischen dem Management und den Backstreet Boys neu verfaßt wurden. »Wer viel arbeitet, der sollte auch viel verdienen, hat Louis selbst zu mir gesagt«, verrät Brian und ging zu seinem Anwalt. Der reichte gleich eine Klage ein, und die ganze Sache drang auch noch an die Öffentlichkeit und verängstigte Millionen von Fans in der ganzen Welt.

Brians bester Kumpel bei den Backstreet Boys ist Nick. Nick gab ihm den Spitznamen Frick. Brian nennt Nick Frack. Die beiden verbringen sehr viel Zeit miteinander, wenn sie auf Tournee sind. Sie spielen sich gegenseitig neue Songs vor, gehen gerne ins Kino oder liefern sich im Tourbus oder im Hotelzimmer heiße Videogame-Schlachten. Nick hat Brian auch als erstem seine 15 Zentimeter lange Operationsnarbe gezeigt. Und Nick ist auch derjenige, der sich rührend um seinen Freund kümmert. »Mein Arzt meint, daß ich mindestens zwölf Stunden Schlaf pro Tag brauche. Wenn wir im Bus von einer Stadt in die andere reisen müssen, dann lege ich mich mittags hin. Die anderen Boys sind dann sehr leise, damit ich schlafen kann«, schwärmt Brian von seinen Kumpels. Bei der 90-Minuten-Show kommt Brian mächtig ins Schwitzen. Das kommt von den Medikamenten, die er immer noch nehmen muß. In der Tourküche wird speziell für Brian gekocht. »Ich esse sehr gerne Fisch, Gemüse, Reis und Nudeln«, verrät der nur noch 57 Kilo leichte Backstreet Boy. Bald will er sein Idealgewicht von 62 Kilo wieder drauf haben.

Die Operation hat ihm zumindest eine Menge Zeit zum Nachdenken gebracht: »Ich glaube, es wird uns sehr guttun, wenn wir 1999 nach der Welttour wirklich eine längere Pause einlegen, wir kommen ja wieder. Ehrenwort!«

Steckbrief

Name:	Brian Thomas Littrell
Spitzname:	B-Rok
Geburtstag:	20. Februar 1975
Geburtsort:	Lexington, Kentucky/USA
Sternzeichen:	Fische
Größe:	1,73 m
Gewicht:	62 kg
Augenfarbe:	blau
Haarfarbe:	blond

Eltern:	Mum Jackie, Dad Harold
Geschwister:	Bruder Harold
Hobbys:	Basketball, Football, Bodybuilding, Kino, Fernsehen, Lesen
Schule:	High-School-Abschluß
bes. Merkmal:	breite Kieferknochen
Markenzeichen:	zieht gerne Grimassen, imitiert alles und jeden
Lieblingsessen:	Makkaroni mit Käse
Lieblingsdrink:	Eistee
Lieblingsspruch:	»Quit Tellin´ Jokes About My Heart!« (auf deutsch: »Hör auf, Witze über mein Herz zu erzählen!«)
Lieblingssänger:	Luther Vandross
Lieblingsgruppe:	Boyz II Men
aktuelles Auto:	Cherokee-Jeep

Sexy Dancing: Howie zeigt *on stage* viel nackte Haut. © PPW/Herwig

Auf einer Pressekonferenz
in Los Angeles verrät A.J.,
daß er eine Freundin hat.
© Anita Bugge / S.I.N.

Unten:
Nick und Co. geben live alles.
© PPW / Herwig

Multitalent Kev:
Der Sänger und
Komponist machte
sogar auf dem
Model-Laufsteg
Schlagzeilen.
© Eyecontact / S.I.N.

Unten:
Auch auf der Bühne
ein super Team:
Nick liebt seinen Bruder
Aaron über alles.
© PPW / Herwig

Live-Highlight: Die A-capella-Version ihres Hits »All I Have To Give«. © PPW/Herwig

Immer wieder beruhigen
die BSB ihre Fans:
»Niemand kann uns
zerstören.« © JAT

Links:
Trotz vieler Schicksalsschläge
kann Howie immer noch
lachen – und bringt damit
unzählige Mädchenherzen
zum Schmelzen.
© teutopress

Keine Angst vor großen
Tieren: Die BSB mit einer
Riesen-Pythonschlange
zu Hause in Florida.
© teutopress

Rechts:
Der absolute Dreamboy:
Nick ist der beliebteste BSB.
© All-Action / inter-Topics

Während des Konzerts verausgabt sich A.J. total – und muß danach erst mal drei Stunden schlafen! © PPW/Herwig

Space Boys –
The Big Basketball
Challenge ‚97

Mit einem Riesensatz springt Nick aus dem Aufzug des Relaxa Hotels in Oberhausen. Geschickt dribbelt er an den erstaunten Leuten, die sich in der Hotel-Lobby aufhalten, vorbei und wirft seinen Basketball hart hinter sich. Brian ist ihm gefolgt und fängt die braune Kugel lässig mit einer Hand. »Hört auf, Boys, das hier ist ein Hotel, kein Basketball-Court«, ermahnt sie ihr Manager Johnny Wright. Die beiden Backstreet Boys müssen ihren Ball abgeben und sich in den Konferenzraum begeben. Dort warten schon Kevin, Howie, A.J., die Boys von 'N Sync, D.J. Bobo und seine Tänzer, Toni Cottura, die Lyte Funkie Ones, Trey D., BSB-Entdecker Louis Pearlman und Hand-In-Hand-For-Children-Initiator und Konzertveranstalter Werner Lindinger. Als nun auch Brian, Nick und Johnny anwesend sind, schließt sich die Tür. »No entry«, wimmelt BSB-Chef-Bodyguard »Big Dog« die versammelten Fans und Journalisten ab. Das macht sie zwar noch neugieriger, aber wer versucht, dem Zwei-Meter-Mann etwas zu entlocken, der merkt schnell, daß er auf Granit beißt. Dieses Meeting ist streng geheim, und die Neugierigen ziehen bald frustriert ab.

Im Konferenzraum dagegen herrscht eine tolle Stimmung. Leicht übernächtigt tauschen die Anwesenden ihre Partyerlebnisse aus. Denn am Vortag, dem 31. Mai, fand in der Oberhausener Arena zum zweiten Mal das Benefiz-Konzert von Hand In Hand For Children zugunsten krebskranker Kinder statt. 14.000 Fans erlebten 60 Megastars live auf der »Charity ´97«-Bühne. Und weil alle Künstler für den guten Zweck auf ihre Gage verzichteten, ließ sich der Charity-Chef auch in diesem Jahr bei der anschließenden Party nicht lumpen und verwöhnte seine Stars mit allem, was dazugehört. Es wurde nach Herzenslust getanzt, gelacht und geflirtet.

»Ich bitte um Ruhe! Setzt euch hin, Leute!« verschafft sich Johnny Gehör.

»Für alle, die es noch nicht wissen: Wir werden am 10. September in Berlin ein Basketballspiel veranstalten. Louis, Werner und ich hatten die Idee dazu in den letzten Tagen während der Proben zu Charity. Mit dem Benefiz-Game unterstützen wir die Stiftung Hand In Hand For Children. Es wird zwei Mannschaften geben, und das Los wird gleich entscheiden, wer in welchem Team spielt«, erklärt Johnny unter dem Jubel der Anwesenden.

Johnny bittet Nick und B-Rok auf die Bühne. Sie sind bereits für das »Vipers«-Team nominiert. Justin und J.C. von ´N Sync führen die »Flyers« an. Die vier Jungs müssen nun aus einer großen Glastrommel kleine Papierrollen ziehen, auf denen Nummern stehen. Da die restlichen Mitspieler auf numerierten Stühlen sitzen, wird es gleich mächtig spannend, wer in welche Mannschaft gelost wird. Nick zieht und öffnet sein erstes Röhrchen, auf dem Nummer 9 steht. Die Jungs im Raum schauen auf ihre Rückenlehnennummer. Bingo! Howie springt auf und sprintet zur Bühne, wo er Nick und B-Rok um den Hals fällt. Dann trägt er sich in die Liste der Vipers ein. Als nächster ist Justin für die Flyers dran. Er hält die Nummer 2 hoch, und sein Bandkumpel Joey tänzelt mit einem breiten Grinsen zur Bühne. »Schiebung«, schreit A.J. und ist ausgerechnet der nächste, der gezogen wird. Allerdings wird er in Berlin für die Flyers an den Start gehen und gegen seine BSB-Kumpel antreten müssen.

Es dauert noch eine weitere halbe Stunde, bis die beiden Teams komplett sind. Für die Vipers werden in Berlin antreten: Nick, Brian, A.K. Swift, Howie D., Brad (LFO), Dani (D.J. Bobo), Lance, Curtis, Kevin und D.J. Bobo. Für die Flyers sind nominiert: Justin, J.C., Joey, Curtis, Brian und Rich von LFO, A.J., Toni Cottura, Nana und Trey D.

Nun müssen sich die beiden Mannschaften für ein offizielles Foto ihre Mannschafts-Trikots überziehen. Adidas stattet die Vipers, Reebok die Flyers aus. Vor der eigentlichen Begegnung springen die beiden Sponsoren jedoch ab, und Johnny läßt richtige Basketballshirts mit Teamname und Nummer des jeweiligen Spielers maßschneidern. Im Hof des Relaxa Hotels nehmen die Backstreet Boys und ′N Sync All Stars schließlich zusammen mit Johnny, Louis und Werner für das erste gemeinsame Foto Aufstellung, das erst in einigen Wochen an die Presse gehen soll. Bis dahin herrscht absolute Geheimhaltung. Der Fotograf fordert die Jungs auf, noch einige Bälle auf den provisorisch aufgestellten Basketballkorb zu werfen. Joey wirft den Ball zuerst zu D.J. Bobo. Die Jungs feuern den Schweizer Hitmacher an. Bobo wirft und kommt nicht einmal in die Nähe des Korbes. »Sorry, ich habe noch nie Basketball gespielt«, entschuldigt sich Bobo bei seinen Teamkollegen und muß gleich noch einmal ran. Diesmal trifft er sogar schon den Ring, und sein Team feuert ihn an, noch einmal zu werfen. Bobo hat keine Lust mehr und läßt einen Könner ran. B-Rok zieht alle Register seines Könnens und glänzt mit drei akrobatischen Treffern.

Bei einem Zweikampf zwischen Kevin und Trey D. kommt es zu einem Zwischenfall: Trey versucht, sich den Ball beim Rebound zu schnappen und knickt mit einem Fuß um. Schreiend vor Schmerz hält er sich den rechten Knöchel. Wie sich später herausstellt, sind einige Bänder überdehnt, eines sogar angerissen. Das bedeutet mindestens sechs Wochen Gips. Sein Team hofft, daß er bis zum Game in Berlin wieder fit ist.

Der Kampf der Giganten

Dreieinhalb Monate später steigt die größte Basketball-Party, die Deutschland je erlebt hat. Über 7.000 Fans rutschen am 10. September in der bis auf den letzten Platz ausverkauften Max-Schmeling-Halle aufgeregt auf ihren Sitzen hin und her. Mit selbstgemalten Transparenten grüßen sie ihre Lieblinge. Die meisten der Girls unterstützen die Backstreet Boys All Stars. Aber auch eine Menge 'N Sync-Fans konnten ein Ticket für dieses einzigartige Basketballspiel ergattern und fiebern dem Auftritt von Justin & Co. entgegen. Noch bevor die beiden Teams das Spielfeld betreten, werden die Fans von den Cheerleader-Girls beider Mannschaften heiß gemacht. Bei den Vipers sorgen die vier Girls von Solid Harmonie für Stimmung. Die Flyers werden von den fünf Funky Diamonds lautstark unterstützt und bekommen somit ein Cheerleader-Girl mehr zugestanden, weil die Vipers die ganz klaren Favoriten sind. Bereits kurz vor 20 Uhr herrscht in der Halle eine super Stimmung.

Dann ist es endlich soweit: Die beiden Mannschaften laufen ein. Sie werden von einem wahren Superstar angeführt – von keinem anderen als Denis Rodman. Der Top-Rebounder der Chicago Bulls ist gerade auf großer Promotour durch Germany, wirbt für sein neues Buch und ließ sich es nicht nehmen, den Tip-Off zu übernehmen, wie der Anwurf beim Basketball genannt wird.

Doch zunächst wärmen sich die Spieler erst einmal auf. Kev geht mit gutem Beispiel voran und macht am Spielfeldrand einige Dehnübungen. B-Rok und Nick machen sich mit Würfen auf den Korb warm. Auch die ande-

Hilfe für krebskranke Kids: Zusammen mit Topacts wie 'N Sync, Dj Bobo und Nana traten die BSB beim Basketball Challenge in Berlin an. © action press

ren Spieler kommen langsam in die Gänge. Auf dem Spielfeld herrscht ein heilloses Durcheinander. Unzählige Bälle fliegen durch die Luft. Die ersten Zweikämpfe werden ausgetragen und akrobatische Dribblings vorgeführt. Da das Publikum zu 99,9 Prozent aus hübschen Girls besteht, geht mit dem einen oder anderen die Eitelkeit ein wenig durch. Jeder will natürlich eine gute Figur machen.

Dann stellt Captain Jack die beiden Mannschaften vor, bei denen es zu Änderungen bei der eigentlichen ausgelosten Aufstellung kommt. Für die Vipers wird zusätzlich BSB-Manager Johnny Wright antreten. Bei den Flyers ersetzt Tommy von Masterboy den leider immer noch verletzten Trey D. Jeder Spieler erntet frenetischen Applaus. Am Jubel der 7.000 Zuschauer in der Halle hört man, daß die Stimmung bereits ihren Siedepunkt erreicht hat.

Nun folgen die beiden Nationalhymnen. Linda von Masterboy singt die US-Hymne, Liza von Captain Jack läßt ihre Stimmbänder für Deutschland glühen. Und dann ist es aber endlich soweit, der Tip-Off für »Space Boys« ist vollzogen, und das Game läuft im ersten Viertel. Insgesamt vier Viertel gibt es bei einem Basketballspiel. Jedes dauert 15 Minuten, wobei die Uhr, anders als beim Fußball, bei einer Spielunterbrechung angehalten wird.

Das Game beginnt mit einem spektakulären Spielzug. Kev ist im Ballbesitz und spielt mit Brizz und Rich gleich zwei Gegner aus, wirft dann einen gekonnten Paß zu A.K. Swift, und der plaziert den Ball treffsicher im Korb. Die Vipers gehen mit zwei Punkten in Führung. Das lassen die Flyers aber nicht auf sich sitzen. Nana schnappt sich die Kugel, stürmt zusammen mit J.C., Justin und Joey in Richtung gegnerische Hälfte. Nach einer tollen Kombination über vier Stationen ist Nana wieder am Ball und trifft zum Ausgleich. Dann punkten wieder die Vipers. B-Rok kann nach einem Foul wieder einen kleinen Vorsprung herausholen. Es folgt ein Konter der Flyers: Rich donnert den Ball in den Korb. Nach dem ersten Schlagabtausch sieht es noch so aus, als wären beide Teams gleichwertig. Das ändert sich aber in den nächsten Minuten schnell. Die Vipers haben einfach die bessere Kondition und einen absoluten Top-Scorer in ihren Reihen: Brian Littrell alias B-Rok. Der wieselflinke Backstreet Boy imponiert mal im Alleingang, mal im akrobatischen Paßspiel. Zusammen mit seinem Teamkollegen A.K. Swift holt er einen Punkt nach dem anderen. Als Nick schließlich seinem besten Freund eine maßgeschneiderte Vorlage servieren kann, reißt es das Publikum vor Aufregung von den Stühlen. B-Rok punktet mit einem spektakulären Slam-Dunk, gerade noch rechtzeitig vor dem Erklingen der Sirenen. Am Ende des ersten Viertels steht es 21:9 für die Vipers, die sich von ihren

Cheerleadern und Fans schon ein bißchen feiern lassen. Die Flyers stecken währenddessen ihre Köpfe zusammen und tüfteln eine neue Spielstrategie aus.

Im zweiten Viertel stören sie ihre Gegner früher. Justin und Chris, der durch eine Zerrung gehandicapt ist, kämpfen verbissen und lauern auf Konter. Leider gelingt den beiden Boys von `N Sync nicht viel. Schuld daran ist der massive Sturm der Vipers, das Power-Tandem B-Rok und A.K. Swift. In voller Spiellaune durchbrechen sie immer wieder die Defensive der Flyers und holen einen Punkt nach dem anderen. Und so wundert's keinen, daß die Vipers auch nach dem zweiten Viertel mit 43:22 klar in Führung liegen. Es folgt die große, 12minütige Halbzeitpause. Justin und Chris lassen völlig frustriert die Köpfe hängen. Die Fans bemerken das und feuern sie an. Das gibt Auftrieb. Diesmal hat J.C. einen Plan. Wieder stecken die Flyers ihre Köpfe zusammen und schlagen sich zum Schluß aufmunternd auf die Schultern.

Die Taktik scheint aufzugehen, denn die Flyers bekommen gleich am Anfang des dritten Viertels Oberwasser. Sie drehen auf, spielen aggressiver, greifen vermehrt über die Flügel an. Die Vipers sind für Minuten völlig von den Socken, und ihr Vorsprung wird immer kleiner. A.K. Swift und B-Rok werden jetzt von J.C. und Chris regelrecht hautnah gedeckt und größtenteils kaltgestellt. Es zahlt sich aus, und die Flyers kommen auf 17 Punkte heran. Spielstand nach dem dritten Viertel: 64:47.

Bei allem Ehrgeiz bleibt das Spiel fair, und auch schwächere Spieler bekommen ihre Chance. So wie D.J. Bobo. Als der Schweizer Hitmacher den Ball im Strafraum der Flyers ergattern kann, wirft und sogar trifft, gibt es Sonderapplaus von den Vipers-Fans. Bobo selbst ist von seinem Treffer so begeistert, daß er sich samt Ball in die kreischende Menge wirft.

Nun blasen die Flyers noch mal zum Endspurt und

mobilisieren ihre restlichen Kräfte. Zwei Minuten vor Schluß steht es 70:70 Unentschieden. Die Fans auf den Rängen sind jetzt völlig aus dem Häuschen und feuern ihre Teams noch einmal mächtig an. Dann trifft Toni Cottura aus acht Metern. Und schließlich macht B-Rok alles klar. Der Endstand: 78:76. Beide Teams umarmen sich, tauschen Trikots und bedanken sich bei den Fans für die tolle Stimmung.

Bei der anschließenden Siegerehrung weinen Nick und Kevin sogar einige Tränen der Rührung. Die Vipers siegen an diesem Abend verdient, und die »BRAVO TV«-Moderatorin, die auch das Spiel kommentierte, gibt das Spielfeld für Aaron Carter frei, der mit seinem Hit »Crush On You« eine tolle Show abzieht. Auch Bellini, L.F.O, FeMail und die Funky Diamonds heizen den bereits völlig erschöpften Fans nochmals kräftig ein.

Damit die Akteure und die Fans auch eine Ahnung davon bekommen, wie erfolgreich die Veranstaltung war, überreicht das Team von Hand In Hand For Children schließlich der »Berliner Kinderhilfe e.V.« einen Scheck über 100.000 Mark. B-Rok, der Spieler des Abends, greift sich ein Mikro und bedankt sich noch einmal persönlich bei seinen Fans: »Danke, ihr seid absolute Spitze! Ohne euch hätte es dieses Spiel und diese tolle Spende nie gegeben.«

Die Boys von ´N Sync bedanken sich mit »For The Girl Who Has Everything« musikalisch, und die Backstreet Boys rocken mit »Everybody (Backstreet´s Back)« noch einmal richtig los, bevor dann schließlich alle Acts, unterstützt von den 7.000 Fans, den Hand-In-Hand-For Children-Benefiz-Song »Children Need A Helping Hand« gemeinsam singen.

Ein tolles Finale für ein ganz besonderes Basketballspiel.

Everybody (Backstreet's Back) – Ein echter Video-Horror!

Eine riesige Tür wird aufgestoßen. Ein dunkelhäutiger Busfahrer zieht lässig an seiner halb heruntergebrannten Zigarre. Hinter ihm stehen die Backstreet Boys und reden ängstlich durcheinander. Ein starker Wind weht. Im Hintergrund blitzt es, gefolgt von lautem Donner. »Das ist schon das zweite Mal, daß der Bus kaputtgegangen ist!« schreit Nick hysterisch. Howie drückt wild auf die Knöpfe seines Mobiltelefons, will Hilfe rufen. Umsonst! Er bekommt einfach kein Netz. »Schaut mal, Jungs, das ist doch nicht meine Schuld. Ich kümmere mich um den Bus, und ihr bleibt hier und ruht euch ein wenig aus. Ich komme so schnell zurück, wie's nur geht«, sagt der Busfahrer, nimmt die Beine in die Hand und spurtet davon, als ginge es um sein Leben. Die Jungs betreten die riesige Eingangshalle eines Spukschlosses. Die Szene wird unterlegt von weiteren Donnerschlägen und immer lauter werdender bedrohlicher Musik.

So beginnt der bisher teuerste Videoclip der Backstreet Boys, der am 17. Juli 1997 auf Deutschlands Musikkanal VIVA Weltpremiere hatte. Mit dem sechsminütigen Minispielfilm zur ersten Single des zweiten Albums »Backstreet's Back« meldeten sich die fünf Traumboys aus Florida mit einem wahren Paukenschlag zurück. Der Clip zu »Everybody (Backstreet's Back)« kostete 1,2 Millionen Mark und dauert in voller Länge ganze sechs Minuten. Drei Tage und Nächte lang standen die Boys für dieses Videowerk vor der Kamera. In einer ehemaligen Flugzeughalle am Santa Monica Airport, etwa 15 Minuten östlich von Los Angeles, realisierten Regisseur Joseph Kahn und sein Team einen gigantischen Dreh. Die Backstreet Boys wollten unbedingt mit Joseph arbeiten, weil sie schon längere Zeit Fans seiner Arbeit sind. Er drehte bereits tolle Clips für Snoop Doggy Dogg und Warren G.

Also trafen sich die Backstreet Boys mit Joseph und überlegten sich gemeinsam eine Videoidee. Nick hatte schließlich einen wundervollen Vorschlag: »Warum lassen wir das Ganze nicht in einem alten Schloß spielen, und wir verwandeln uns in die schlimmsten Monster, die es in der Filmgeschichte je gegeben hat?«

Einige Wochen später war das Videokonzept fertig. Im Originalscript sollte die Anfangsszene sogar noch länger dauern. Danach wären die Boys noch in ihrem Bus zu sehen. Nach dem Motorschaden irren sie zusammen mit ihrem Busfahrer (im Video übrigens von Hollywood-Legende Antonio Vargas gespielt) herum und suchen ein festes Dach über dem Kopf. Schließlich ist es schon dunkel, und ausgerechnet jetzt braut sich ein schlimmes Gewitter zusammen. Die Stille der Nacht wird von lautem Donner zerrissen und von weißglühenden Blitzen erhellt. Der Wind pfeift bedrohlich. Es hört sich fast an wie der Schrei einer Frau in der Ferne. Da entdecken sie das gespenstisch anmutende Schloß. Auf dem Gitter des Eingangstores steht in großen Lettern »Ballroom Dance Tonight«. Das Innere des Schlosses scheint völlig verstaubt. Überall hängen Spinnweben. Die teuren Gemälde an der Wand sind kaum zu erkennen. Die gigantische Eingangshalle mit dem riesigen Kerzenleuchter ist spärlich beleuchtet. Überall flackert das Licht unzähliger Kerzen.

Man muß kein Historiker sein, um zu sehen, daß die Boys sich hier in einem Schloß aus dem 19. Jahrhundert befinden. Die Jungs suchen sich, jeder für sich, ein Zimmer. Brian betritt einen völlig dunklen Raum. Todmüde wirft er seine Baseballkappe auf einen Stuhl. Er krabbelt unter die rote Decke aus schwerem Samt. Plötzlich spürt er einen Gegenstand. Er zieht ihn hervor. Es ist irgendein Nagetier, das ihn anfaucht. Brian beginnt, vor Angst zu schreien…

Die Träume des Grauens!

Nun beginnt der eigentliche Song mit einem harten Beat. Brian springt auf. Aus seinem Kopf, seinem Gesicht, seinen Armen und Händen wachsen plötzlich Haare. Sein Kiefer verändert sich. Sein Gesicht wird zur Fratze mit einem widerlichen Gebiß voller Reißzähne. Er krümmt sich vor Schmerzen. Die Verwandlung hat schließlich ein Ende. Aus Brian ist ein Werwolf geworden. Er hebt den Kopf, als wolle er den Mond anheulen, und singt den Chorus des Songs: »Everybody, Rock Your Body, Everybody, Rock Your Body Right, Backstreet´s Back Alright.« Er trägt einen beigen altmodischen Anzug mit Rüschenhemd. Brian wirft sich einen Hermelinmantel über und turnt mit unzähligen Flickflacks durch die Gänge des Schlosses. Wie ein Gummiball hüpft er akrobatisch durch die riesige Eingangshalle und läßt sich an der Wand über einem antiken Sofa mit einem Salto zurück auf die Beine fallen, fletscht die Zähne und streicht sich mit seinen dreckigen Wolfsklauen durch die nach allen Seiten abstehenden Haare.

In der nächsten Einstellung sieht man, wie drei Dienstmädchen um einen aufrechtstehenden Sarg herumtanzen. Sie reiben ihre Körper an der geschlossenen Holzkiste. Ein Girl leckt mit ihrer Zunge lasziv über den Deckelrand, bis der Sarg schließlich mit einem Knall aufspringt. Ein altersschwacher, grauhaariger Butler beobachtet die heißen Szenen teilnahmslos. Als der Rauch sich auflöst, sieht man Howie D. Er hat ein schneeweißes Gesicht und blutrote Lippen. Er trägt einen hohen, schwarzen Zylinder. Seine Augen sind blutunterlaufen. Lange braune Locken fallen ihm bis auf die Schultern. Dann fletscht er bedrohlich seine Vampirzähne. In der nächsten Einstellung sieht man ein bildhübsches Mädchen in einem roten Samtkleid. Wie aus dem Nichts erscheint plötzlich Howie. Er ist der schreckliche Graf Dracula, der sich lautlos von hinten an das unschuldige Mädchen anschleicht. Er öffnet seinen Mund und gräbt seine langen Vampirzähne in das zarte Fleisch ihres bleichen Halses. Das Girl schließt die Augen. Sie scheint gar keine Angst zu haben, sondern scheint den Biß des tageslichtscheuen Grafen der Finsternis regelrecht zu genießen. Schließlich reißt er seinen schwarzen Umhang auf, und eine Million kleiner Fledermäuse fliegen quasi aus seinem Körper heraus.

In der Zwischenzeit erwacht im Keller des Schlosses schon das nächste Monster zum Leben. In einer Art kargem Verlies steht ein antiker Sarg. Er könnte aus dem alten Ägypten stammen, als man die toten Pharaonen einbalsamierte, bandagierte und mit allerlei Kostbarkeiten in kunstvoll gearbeitete Sarkophage bettete, bevor man sie in den geheimen Labyrinthen der Pyramiden begrub. Plötzlich öffnet sich auch dieser Totenschrein, und eine Mumie befreit sich aus ihrem engen Gefängnis. Es ist Nick. Er sieht aus, als würde er gleich samt seiner Verbände, in die er eingewickelt ist, zu Staub zerfallen. Nicki hebt zum Vorrefrain an: »Am I Original? Am I The Only One? Am I Sexual? Am I Everything You Need? You Better Rock Your Body Now.« (»Bin ich Wirklichkeit? Bin ich der einzige? Bin ich sexy? Bin ich alles, was du willst? Du solltest deinen Körper jetzt bewegen.«)

A.J. sieht furchterregend aus. Die Hälfte seines Gesichts ist von einer silbernen Metallplatte verdeckt. An den Rändern erkennt man offenes, wucherndes Fleisch ohne Haut. Es zieht sich über eine Hälfte des Kopfes. A.J. ist das Phantom der Oper und sitzt an einer riesigen Tafel mit wunderschönen Frauen, die sündhaft teure Abendkleider tragen.

Auf dem langen Tisch findet ein wahres Gelage statt. Die Anwesenden trinken Wein aus kristallenen, langstieligen Gläsern. Zwischen den erlesenen Speisen krabbeln Ratten auf dem Tischtuch hin und her. Doch das scheint keinen zu stören. Ganz im Gegenteil. Die Gesellschaft amüsiert sich prächtig.

A.J. steigt mit einer theatralischen Handbewegung in die erste Strophe ein: »Oh My God We´re Back Again. Brothers, Sisters, Everybody Sing! We´re Gonna Bring You The Flavor, Show You How. I´ve Gotta Question For Ya. Better Answer Now.« (»Oh, mein Gott, wir sind zurück. Brüder, Schwestern, singt alle! Wir bringen euch auf den Geschmack und zeigen euch, wie. Ich habe eine Frage an euch, die ihr besser beantwortet.«)

Nur Kevin scheint auf den ersten Blick ganz normal auszusehen. Er trägt eine Melone, eine silbergerahmte Brille und einen etwas altmodischen Anzug. Der gutaussehende Backstreet Boy sitzt mit dem linken Profil zur Kamera. Als er sich genau in die gegenseitige Position dreht, verändert sich sein vorher hübscher Look in die Maske eines Monsters. Seine Haut ist mit grün-gelbschimmernden Geschwüren überzogen. Seine Hand sieht genauso aus. Die langen Fingernägel sind schmutzig und rot, als klebe Blut an seinen Händen. Aus Dr. Jekyll wurde Mr. Hyde, der sich in seinem Labor versteckt. Es sieht aus wie eine Folterkammer. Zangen, Scheren und andere Instrumente der übelsten Sorte hängen an den grüngetünchten Wänden.

»Wenn es nach uns gegangen wäre, dann hätte der Dreh locker noch mal eine Million verschlungen«, verrät Kevin, der am letzten Drehtag zusammen mit Howie in der Maske sitzt. Die Rollen der beiden Freunde waren eigentlich viel umfangreicher angelegt. So sollte sich Howie via Computertrick in eine Fledermaus verwandeln, ins nahegelegene Dorf fliegen und durch das offene Fenster in das Schlafzimmer einer wunderschönen Jungfrau eindringen. Mit einem Schrei sollte sie aus dem Schlaf gerissen werden. Aber zu spät, denn Graf Dracula hätte sie da schon gebissen und zu seiner hörigen Gespielin gemacht. Verfolgt von den aufgebrachten Dorfbewohnern, sollte Howie seine Eroberung durch die Lüfte zurück ins Schloß bringen.

Laut Originalmanuskript hätte Kevs Part auch viel dramatischer ausgesehen. Aus einer Kutsche steigend, sollte er sich noch in der einsamen Gasse im Dorf in Mr. Hyde verwandeln. Das bekommen zwei Polizisten mit und verfolgen ihn. Er kann sie abhängen, sich in sein geheimes Kellerlabor im Schloß retten und sich mit Hilfe einer grünen Flüssigkeit wieder in Dr. Jekyll verwandeln. Er sieht aus dem Fenster seines Kellers und erblickt die aufgebrachten Menschen aus dem Dorf, die mit Mistgabeln, Schaufeln und Sensen versuchen, das Schloß zu stürmen.

»Ursprünglich wollten wir 200 Komparsen in dem Video haben. Zum Schluß waren es gerade mal 30 Boys und Girls. Unser Regisseur hat uns gewarnt und uns Gott sei Dank immer alles vorgerechnet. So nach dem Motto: Wenn ihr das wirklich wollt, kostet es euch genausoviel«, verrät Kevin und cremt sich das Gesicht ein.

Howie gibt seine Perücke ab. »Die würde ich am liebsten behalten. Bis meine Haare mal so lang sind, das kann ja noch ewig dauern.« Kev und Howie sind mit den Einzelshots fertig und dürfen sich schon für die letzten

Szenen umziehen. Die werden in dem über 16 Meter hohen Ballsaal stattfinden, der genau wie alle anderen Räume, die im Video zu sehen sind, originalgetreu nachgebaut werden mußte. Zwei Wochen saß das Team daran, sägte, schraubte, malte und dekorierte, bevor die eigentlichen Dreharbeiten beginnen konnten.

Gedreht wurde meist von 16 Uhr bis morgens um fünf oder sechs. Der Grund: Außer Kevin und Howie saßen alle Jungs bis zu drei Stunden in der Maske. »Ich mußte meinen Solopart in einer Nacht spielen. Das Make-up war einfach zu aufwendig, um es noch einmal komplett neu zu machen«, verrät Brian, der in den akrobatischen Turnszenen von einem Stuntman gedoubelt wurde. Brian, Nick und A.J. teilen sich eine Garderobe und drei erfahrene Maskenbildner vom Theater.

Nick schält sich gerade aus den unzähligen Bandagen, die er während des Drehs tragen mußte. Auch A.J. kann seine Metallplatte vom Gesicht nehmen. Er zieht die künstliche Latex-Haut ab, die eine ganze Kopfhälfte bedeckt hat und ihn so aussehen ließ, als wäre dieser Teil seines Schädels völlig verbrannt.

Mittlerweile sind auch die 30 Komparsen umgezogen und bereit für den Dreh. Die Jungs sehen aus wie Bauernsöhne aus dem vorigen Jahrhundert. Die Girls tragen lange tiefdekolletierte Abendkleider, die unterhalb der Gürtellinie sehr schwer und ziemlich barock wirken. Nicht gerade ideal für die abschließende Tanzszene, die im großen Ballsaal stattfinden wird. Schließlich haben sich die Backstreet Boys auch umgezogen. Sie tragen lange Rüschenhemden. Brian trägt darüber eine helle Seidenweste. Kev läßt sein Hemd einfach offen. Bei seinen tollen Muskeln kann er sich das auch leisten. Zuerst wählt sich jeder Junge (inklusive der BSB) sein Mädchen. Die Boys kennen ihre Tanzpartnerin natürlich. Schließlich fanden in den letzten Tagen unter Anleitung von Choreographin Fatima Robinson schon unzählige Proben statt. Fatima hat mit Tanzszenen diesen Ausmaßes schon viel Erfahrung gesammelt. Sie choreographierte bereits ganze Videos für den Meister aller Klassen: den King of Pop, Michael Jackson.

Zuerst ahmen die Paare einen klassischen Balltanz nach. Sie umarmen ihre Partnerinnen mit dem rechten Arm. In ihrer linken Hand liegt die rechte Hand ihrer Angebeteten. Dann löst sich das starre System, und die Girls und Boys tanzen eine atemberaubende Choreographie. Immer wieder unterbricht Regisseur Joseph. Er läßt den Tonmann das Band an eine ganz bestimmte Stelle zurückfahren und dreht nochmals. Es vergehen Stunden, ehe alle Tanzszenen im Kasten sind und Joseph und sein Kameramann endlich zum letztenmal »Cut!« schreien. Jeder freut sich über die einstündige Pause und eine warme Tasse Kaffee.

Howie flirtet ein bißchen mit seiner Tanzpartnerin und wird einige Wochen später aus der BRAVO erfahren, daß er sich tatsächlich in sie verliebt hat und sogar eine heiße Liebesnacht mit ihr verbracht haben soll. Obwohl das nicht stimmt, ziehen ihn seine BSB-Kumpels später noch ständig damit auf, wenn das Video gerade irgendwo zu sehen ist.

Für die allerletzte Szene dürfen die Jungs wieder in ihre ganz normalen Straßenklamotten schlüpfen, die sie auch schon am Anfang des Videos getragen haben. Zuerst ist Brian dran. Er muß noch mal in sein Bett krabbeln. Von seinem Alptraum aufgeschreckt, setzt er sich in dem verstaubten Himmelbett auf. Er ist noch völlig fertig und sieht auf seine Arme. Sie sind wieder ganz normal. Dann faßt er sich mit den Händen ins Gesicht. Die Haare sind verschwunden. Auch seine Zähne fühlen sich wieder ganz normal an. Er ist wieder ganz der alte.

Im Ballsaal trifft er Howie und erzählt ihm von seinem

schrecklichen Traum. »Hey, ich hatte auch einen echten Horrortraum. Ich war Graf Dracula und habe ein Mädchen in den Hals gebissen und ausgesaugt«, verrät Howie hektisch. Kevin und A.J. stoßen dazu und erzählen ihre Traumversion. »Ihr werdet es nicht glauben, Leute, aber ich war eine lebende Mumie«, bricht es nun auch aus Nick heraus. »Laßt uns schnell von hier verschwinden«, schlägt Howie vor. Sie laufen in Richtung Eingangstür. Da steht plötzlich der Busfahrer mit verdrehten Augen und riesigen Blutspuren im Gesicht und sagt mit einer Monsterstimme, die das Blut gefrieren läßt: »Let´s go!« Die Boys kriegen Angst und schreien um ihr Leben – Cut! – Doch wie geht der Horrortrip wohl für die fünf Boys aus? Ihr werdet es noch sehen. Die Fortsetzung soll nämlich bald folgen...

Zerstört Nick
die Backstreet Boys?

Die BRAVO weiß es mal wieder als erste Zeitschrift: »Sensation bei BSB – Nick solo!« steht da dick und fett auf der Titelseite der Ausgabe Nr. 32 vom 6. August 1998. Die 16jährige Britta aus Düsseldorf bringt die Emotionen vieler BSB-Fans auf den Punkt: »Es ist wie ein Faustschlag ins Gesicht und gleichzeitig wie ein Messer ins Herz.« Die meisten erholen sich erst langsam vom Schock, nachdem sie die Titelstory auf Seite 4 aufmerksam gelesen haben: Nick will zwar Ende 1999 ein Soloalbum veröffentlichen, die Backstreet Boys werden sich aber deshalb nicht trennen, sondern nur eine längere Pause einlegen. Die »Bild«-Zeitung greift die Story auf und zieht sensationsgeladen nach. In der deutschen Boulevard-Bibel wird im Gegensatz zur BRAVO über eine Trennung spekuliert, denn die »Bild«-Macher veröffentlichen den offenen Brief eines Mädchens, das die Backstreet Boys anfleht, sich doch bitte nicht zu trennen. Klar, daß es anschließend im Wald der bunten Blätter mächtig rauscht. Englands Boulevardzeitung »Daily Star« kopiert die deutschen Meldungen und weiß dann sogar, daß sich auch Brian nun in Richtung Solokarriere verabschieden will. Die österreichische Zeitschrift »Blick« spricht sogar von einem Abschiedskonzert in Magdeburg, das am 18. August, also zwei Tage nach dem letzten Caught In The Act-Auftritt, an gleicher Stelle stattfinden soll. Die Story mit Caught In The Act stimmt, was allerdings die Backstreet Boys betrifft, ist vielen Medien wohl jedes Gerücht recht, um das berühmte »Sommerloch« mit einem Skandal zu stopfen.

Die Sensationspresse mit ihrer schier zwanghaften Gier nach hohen Verkaufsauflagen schlachtet die Gerüchte um die Trennung der Backstreet Boys skrupellos aus und trägt es mal wieder auf dem Rücken der Fans aus. Für ein solches Verhalten gibt es keine Entschuldigung, weil eine gute Recherche schließlich zum Handwerk eines jeden Journalisten gehören sollte. Hätte sich nämlich mal jemand die Mühe gemacht und recherchiert, wären im letzten Sommer weit weniger Fan-Tränen vergossen worden.

Bereits Anfang des Jahres finden zwei geheime Dokumente den unseriösen Weg in die Öffentlichkeit. Bei dem einen Schriftstück handelt es sich um die Klage der Backstreet Boys gegen ihr Management. Bei dem anderen um ein Schreiben von Nicks Anwalt Damon C. Glisson an die New Yorker Anwaltskanzlei Rudolph & Beer, die den BSB-Entdecker Louis Pearlman vertritt. Beide Schriftstücke werden von irgendeiner Sekretärin oder anderem Personal illegal entwendet, kopiert und schließlich an die Londoner Agentur WENN (WORLD ENTERTAINMENT NEWS NETWORK) verkauft. Die wiederum vertreibt die Kopien der Dokumente über ihr weltweites Netzwerk. Die deutsche Jugendzeitschrift BRAVO veröffentlicht zwar den Rechtsstreit zwischen den Backstreet Boys und ihrem Management, das andere Schriftstück gelangt aber entweder nicht in ihre Hände, oder es interessiert sie einfach nicht. Dabei sorgt der Inhalt durchaus für jede Menge Zündstoff und bietet einen spannenden Blick hinter die Kulissen der »heilen« Backstreet-Boys-Welt.

Bei dem Schreiben vom 7. Januar 1998 handelt es sich um eine Art Vorschlag, wie Nicks Zukunft als Mitglied der Backstreet Boys und als Solokünstler aussehen soll. Die Urheber dieses Vorschlags sind neben Nick seine Mutter Jane und sein Vater Bob, die mit ihrer eigenen Künstleragentur »Spectra« ja schon einen sehr lukrativen Vertrag für ihren jüngsten Sohn Aaron ausgehandelt haben.

Zuerst stellt Nick ganz klar fest, daß er der jüngste und beliebteste Backstreet Boy ist. Er und besonders seine Eltern sind sich seines Marktwertes völlig bewußt. Nick will eine komplette Neuregelung der bereits bestehenden Verträge. Außerdem will er einen neuen Managementvertrag, der vorsieht, daß er nur noch durch Johnny Wright als Manager vertreten wird. Donna und Louis wären dann als Manager aus dem Rennen. Für seine Tätigkeit bietet Nick seinem persönlichen Manager Johnny 15 Prozent von allen Nettoeinnahmen. Wenn die Backstreet Boys 90 Tage keine Plattenaufnahmen, Touren oder andere Verpflichtungen haben, will Nick ein Soloalbum aufnehmen und auf Tour gehen. Nick bietet Lou und seiner Plattenfirma Transcontinental an, Album und Tour zu produzieren und zu finanzieren. Den Gewinn aus diesen Aktivitäten möchte er gesondert von allen BSB-Geschäften abrechnen und schlägt Louis deshalb die Gründung einer eigenen Produktionsgesellschaft vor. In dem Schreiben steht ausdrücklich, daß die anderen Boys nichts an Nicks Soloaktivitäten verdienen sollen. Dazu muß man kurz erklären, daß Nick, Brian, Howie, Kevin und A.J. Teilhaber verschiedener Firmen sind. Zum Beispiel bei BSB Production Inc., der Firma, die sich um alle Tourbelange kümmert. Würde Nick mit BSB Production Inc. auf Tour gehen, würden automatisch die anderen Boys an Nicks Solotour verdienen, ohne auch nur einen Finger krumm machen zu müssen. Ferner sollen die anderen Boys keinerlei Rechte an den Ton- oder Bildaufnahmen haben, die Nick als Solokünstler produziert. Hier kommt aber nicht ein möglicher Streit zwischen den Boys zum Ausdruck, sondern dabei geht es um die finanzielle Abgrenzung von Nicks Soloeinnahmen und den Einnahmen der Backstreet Boys. Hintergrund ist ein Darlehen von drei Millionen Dollar, das Louis Pearlman den Backstreet Boys am Anfang ihrer Karriere geliehen hat. Dieses Darlehen wird aus den BSB-Einnahmen zurückgezahlt und hat mit irgendwelchen Soloaktivitäten der einzelnen Jungs nichts zu tun.

Die Vertragslaufzeit von Nicks Soloplänen wird zunächst auf ein Jahr festgelegt. Außerdem soll vertraglich festgehalten werden, daß Nick für das nächste BSB-Album zwei Solo-Songs beisteuern wird. Damit nicht genug. Auch zum Thema Merchandising hat der Carter-Clan ganz genaue Vorstellungen. So soll Nick bei Fanartikeln, die nur seinen Namen und sein Foto tragen, 75 Prozent der Einnahmen bekommen. Die restlichen 25 Prozent würden an BSB Production Inc. gehen. Bei dieser Firma sind alle fünf Jungs gleichberechtigte Partner. Bisher wurde alles durch fünf geteilt. Geht Nick als Soloact auf Tour, will er von den Einnahmen seiner Fan-Artikel sogar 80 Prozent der Einnahmen einstreichen. 20 Prozent würden dann an Transcontinental Records, also an Louis Pearlman gehen.

Wie gesagt, bei all diesen Zahlenspielen handelt es sich um Vorschläge der Familie Carter. Wer Louis Pearlman kennt, weiß, daß der clevere Geschäftsmann seinerseits mit einigen Gegenvorschlägen aufwarten wird. Aber das ist erst mal nebensächlich. Eines wird jedoch klar: Nick spielt schon länger mit dem Gedanken, sich zu verändern. Natürlich beobachtet er den Solo-Erfolg seines Bruders Aaron aufmerksam und möglicherweise auch mit einem kleinen Quentchen Neid. Nick weiß auch, daß es die Backstreet Boys nicht ewig geben wird. Also gilt es, für die Zukunft zu planen.

Das tun übrigens auch die anderen Boys. Es ist kein Geheimnis, daß Brian schon viele Songs geschrieben hat und seinerseits an einem Soloalbum bastelt. Das gleiche gilt für A.J. und Kevin. Howie will sich als Produzent und

Manager um seine Schwester Polly kümmern. Möglicherweise plant er auch, ein eigenes, spanisches Album aufzunehmen und befreundete Gastmusiker wie No Mercy, Ricky Martin und Jon Secada dafür zu gewinnen.

Im Gegensatz zu anderen Bands wie Take That oder Caught In The Act ist von Trennung nicht die Rede. Die Backstreet Boys betonen ausdrücklich, daß sie eine längere Pause einlegen werden. Sollten nämlich ihre Soloaktivitäten nicht zu dem geplanten Erfolg führen, können sie ohne Probleme und große Erklärungen als Backstreet Boys weitermachen. Mittlerweile hat die BSB-Plattenfirma mit allen Boys Solo-Plattenverträge abgeschlossen. So bleibt alles unter einem Dach.

Doch wie geht es jetzt weiter? Als sicher gilt, daß sich Louis, die Backstreet Boys und Nick in diesem Sommer geeinigt haben, was Nicks Solokarriere betrifft. Genaue Zahlen werden nicht verraten. Johnny Wright und seine Frau Donna, die mit ihrer Firma Wright Stuff einen Management-Vertrag mit den Backstreet Boys hatten, sind nicht mehr im Rennen. Nick, Howie, Brian, Kevin und A.J. haben den Vertrag nicht mehr verlängert. Schuld an der Trennung ist wohl die Tatsache, daß sich Johnny auch noch um die Boygroup ʼN Sync gekümmert hat. Darauf waren die BSB von Anfang an eifersüchtig. Der Vertrag zwischen den Backstreet Boys und Louis Pearlman besteht weiter. Louis ist laut Vertrag Backstreet Boy Nummer sechs und somit unkündbar. Diese Regelung ist durchaus verständlich, denn ohne seine Dollarmillionen und seinen Einsatz hätte es die Backstreet Boys nie gegeben.

Im Februar 1999 kommt das nächste BSB-Album auf den Markt. Die Welttour geht noch bis Sommer ʼ99. Danach folgt die große Pause, und die Boys widmen sich ihren Soloaktivitäten. Nick wird sein Soloalbum im Herbst veröffentlichen und im Jahr 2000 auf Tour gehen –

wahrscheinlich sogar mit seinem Bruder Aaron. Die beiden haben ja im Oktober bereits eine gemeinsame Single aufgenommen und dem Rod-Stewart-Klassiker »Some Boys Have All The Luck« neues Leben eingehaucht. Auch hier gilt als sicher, daß Johnny Wright nicht Nicks Manager sein wird. Auch der bisherige Vertrag als Manager von Aaron Carter wurde nicht verlängert.

Bis auf weiteres sind dann erst mal keine gemeinsamen Projekte der Backstreet Boys geplant. Auch steht noch nicht fest, wann sie wieder gemeinsam in Aktion treten werden. »Auf alle Fälle erst im nächsten Jahrhundert«, scherzt Howie.

Was ist, wenn Nick Erfolg hat? Wird er dann die Backstreet Boys für immer verlassen? Nein! Auch das ist längst vertraglich geregelt. Nick wäre auch dumm. Abgesehen von dem Doppeleinkommen liebt Nick seine BSB-Kollegen wie Brüder. Er hat den Backstreet Boys alles zu verdanken und würde sie nie im Stich lassen. Die Frage ist nur: War es von Nick besonders clever, die Öffentlichkeit schon im Sommer '98 von seinen Plänen zu informieren? Mit Sicherheit nicht. Nick hat das auch ohne vorherige Absprache mit den anderen Boys getan. Seine Eltern und er haben sich mit Louis geeinigt. Nick bekam einen ganz neuen Vertrag, der ihm mehr Mitspracherecht und vor allem mehr Geld in Aussicht gestellt hat. Ein langjähriger Pop-Profi hätte erst mal den Mund gehalten, bis es soweit ist. Der erst 18jährige, noch unerfahrene Nick hat es aber gleich in einem Interview ausgeplaudert und damit eine Lawine der Empörung ausgelöst. Allein bei den deutschen Teenie-Zeitschriften standen nach Bekanntwerden seiner Solopläne die Telefone nicht mehr still. Tausende von Briefen landeten in den verschiedenen Redaktionen. 90 Prozent der Fans reagierten »stocksauer«. Katja Stanek aus Essen zum Beispiel schrieb folgendes an die BRAVO-Redaktion:

»Jetzt dreht Nick wohl völlig durch! Er will doch nur von uns Fans noch mehr Kohle abzocken. BSB gehören zusammen! Aus dem einst so süßen, schüchternen Sonnenschein ist ein egoistischer, arroganter und geldgeiler Idiot geworden. Seine Solokarriere werde ich zumindest nicht unterstützen...« Damit spricht Katja wohl vielen Fans aus der Seele, die glauben, daß Nicks Egotrip der Anfang vom Ende der Backstreet Boys ist. BSB-Entdecker Louis Pearlman sieht die Dinge gelassener: »Ich dachte am Anfang auch sehr kritisch über Nicks Freiheitsdrang. Mittlerweile habe ich meine Meinung geändert. Wenn sich Nick oder auch die anderen Boys nicht entfalten können, wie sie wollen, dann werden sie irgendwann ausbrechen. Ich sehe da eine viel größere Gefahr und das Ende der BSB. Wenn du jetzt bald fünf Jahre immer ein Teil einer Gruppe bist, dann geht dir das bei aller Liebe irgendwann auf die Nerven. Du willst endlich mal wissen: Was bin ich allein wert? Was habe ich solo drauf?«

Die restlichen vier Backstreet Boys wußten über das BRAVO-Interview schon vor der Veröffentlichung Bescheid. Als sie aber plötzlich mit den daraus resultierenden Trennungsgerüchten konfrontiert wurden, traf es sie völlig unvorbereitet im Tourbus auf der Fahrt nach Las Vegas. »Wir hörten es zunächst im Radio. An einer Tankstelle hielten wir an und ich kaufte einige Tageszeitungen. Sie waren voll davon, daß wir uns trennen und Nick solo weitermacht«, erzählt Kevin.

Eine schlechtere Promotion für eine Band, die gerade die USA durchkämmte und jeden Abend vor fast 20.000 Fans spielte, gibt´s wohl nicht. »Ich dachte sofort: Wenn die Fans denken, daß es uns nicht mehr gibt, kommt dann überhaupt noch jemand zum Konzert?« erzählt Howie. Während Howie, Kevin, A.J. und Brian sich berieten, saß Nick im Tourbus von Aaron, der auf der US-Tour im Vor-

programm der Boys auftrat und zusammen mit seinen Eltern Jane und Bob im Carter-Nightliner reiste.

Bei der Ankunft im »MGM Grand Hotel« gehen die
Boys nicht wie gewohnt in ihre Zimmer. Sie bitten ihre
Tourmanagerin darum, einen Konferenzraum zu mieten.
Hier stehen mehrere Telefone und ein Faxgerät. Die Boys
rufen in ihrem Headquarter in Orlando an, bitten Louis,
alle Zeitungsartikel aus Europa zu besorgen und sie
ihnen mit Übersetzung zu schicken. Als Nick mit einiger
Verspätung eintrifft, gleicht der Konferenzraum dem
Büro eines Krisenstabs. Nachdem die ersten Artikel ein-
getroffen sind, kapiert Nick langsam, was sein Interview
angerichtet hat. Er sitzt in einer Ecke und läßt den Kopf
hängen. Was sich dann abspielt, ist ein großes Geheimnis, das die Backstreet Boys wohl mit ins Grab nehmen
werden. Für die fast einstündige Aussprache gibt es keinen direkten Zeugen. Die Jungs selbst schweigen darüber. Nick sagt nur soviel: »Wir haben uns ausgespro-
chen – jetzt ist wieder alles okay!«

Bei Nicks Aussage war wohl eher der Wunsch Vater
des Gedankens.

Die anderen Boys gehen nach der angeblichen Aussprache mit Nick auf Distanz. Angeblich fährt er im Bus
seines Bruders, um soviel Zeit wie möglich mit ihm zu
verbringen. In Wahrheit flüchtet er sich vor dem Zorn
seiner Pop-Kollegen in den Schoß der Familie.

Einen Tag später in Los Angeles wird ein weiteres Treffen anberaumt. Ein TV-Team aus Deutschland ist angereist und will für die »Comet«-Verleihung des Musiksenders VIVA ein paar Sätze für die deutschen Fans aufnehmen. Die Backstreet Boys können zur Preisverleihung leider nicht in Köln sein und zeichnen eine Videobotschaft
für alle auf, die sie zur beliebtesten Band gewählt haben.
Während das Team Kamera und Scheinwerfer aufbaut,
trudeln die Backstreet Boys nacheinander ein. Als letzter

kommt Nick in den Konferenzraum des Hotels. Er sieht blaß aus. Er hat seine Baseballkappe tief ins Gesicht gezogen. Sein Blick ist gesenkt. Seine Bewegungen sind unsicher. Sonst blödelt er immer mit Brian, Howie oder A.J. herum. Nun steht er unsicher im Hintergrund. Er tut einem schon fast leid. Die anderen vier Jungs haben bereits Platz genommen. »Hey, nicht so schüchtern! Komm ein bißchen weiter nach vorn«, fordert ihn der Kameramann aus Germany auf. Nick macht einige Schritte nach vorne. Jetzt hat er den ersten wirklichen Blickkontakt mit Kevin. Man kann sich denken, was in den Köpfen der beiden vorgeht. Kevin ergreift nun das Wort, wobei er Brian, Howie und A.J. abwechselnd ansieht. Nick würdigt er mit keinem Blick. »Das hier ist sehr wichtig. Howie, ich möchte, daß du dich bei den Fans in Deutschland, die uns zur beliebtesten Band gewählt haben, bedankst. Unser Dank geht auch an VIVA. Dann möchte ich, daß du den Fans sagst, daß wir nicht vorhaben, uns zu trennen. Wir müssen jetzt jede Gelegenheit nutzen, um diese Trennungsgerüchte wieder aus der Welt zu schaffen«, sagt Kev mit ruhiger, tiefer Stimme.

Die Kamera läuft, und Howie hat das Wort. Er bedankt sich für den »Comet«-Preis. Dann fällt ihm Kevin fast ins Wort und übernimmt außerplanmäßig: »Es gab eine Menge Gerüchte in letzter Zeit. Wir wollen euch alle wissen lassen, daß wir noch immer eine Gruppe sind, daß wir zusammenbleiben und uns nicht trennen werden. Wir haben zwar in der Vergangenheit gesagt, daß jeder seine eigenen Sachen machen wird, aber noch startet niemand eine Solokarriere. Keiner von uns nimmt zur Zeit eine Soloplatte auf! Wir fünf sind immer noch eine Gruppe, und wir bleiben zusammen! Wir touren zur Zeit durch die USA und haben danach noch viele gemeinsame Pläne.«

Der anderthalbminütige Clip hat seine ganz eigene Aussage, wenn man auf die Körpersprache der fünf

Backstreet Boys achtet. Während Brian, Howie und A.J. mit Kopfnicken die Worte von Kevin unterstreichen, hält sich Nick mit gesenktem Kopf schüchtern im Hintergrund. Nick in der Rolle des Büßers – ein ungewohntes Bild. Dabei hat er noch vor Wochen in dem BRAVO-Interview behauptet, daß er sich neben seiner musikalischen Solo-Karriere durchaus einen Ausflug zum Film vorstellen könne.

Am Abend stehen die Boys vor knapp 20.000 Fans auf der Bühne. Von dicker Luft keine Spur. On stage herrscht wieder die gewohnte Harmonie. Die große Frage bleibt, wie es bei den Backstreet Boys weitergeht. Soviel steht fest: Sie werden nach der US-Tour gemeinsam ins Studio gehen und ein neues Album aufnehmen. Sie werden im Dezember ihre erste große Welttour in Deutschland starten. Sie werden im Sommer '99 eine längere Pause einlegen. Nick wird dann sein Solo-Album aufnehmen und auf den Markt bringen. Und wenn er im Jahr 2000 auf Tour geht, dann bleibt abzuwarten, ob ihm die Fans verziehen haben oder ob ihm der eisige Wind der Verachtung entgegenwehen wird. Wenn er vor leeren Hallen auftreten wird, kann es aber auch daran liegen, daß die BSB-Fans seinen musikalischen Stilwechsel nicht mitvollziehen. Der Brian-Adams-Fan will auf seinem Soloalbum nämlich harten Rock präsentieren. Und das ist ja nicht unbedingt jedermanns Sache.

»As Long As You Love Me« – Ein Casting der Gefühle!

Howie D. gähnt und streckt sich in die Länge. Als die Backstreet Boys aus ihrem Bus steigen, sieht man den fünf Jungs den Streß der letzten Wochen an. Interviews, Fotosessions und jetzt auch noch ein Videodreh – schon der zweite in kürzester Zeit. Drei Videos werden die Jungs in sage und schreibe drei Wochen drehen. Dazwischen rühren sie fleißig die Werbetrommel für ihr neues Album. Während in Europa mit »Backstreet's Back« schon bald das zweite Album im Laden steht, brechen die Boys in den USA mit ihrem 96er-Hit »Quit Playin' Games« alle Rekorde. Nach dem Flop mit »We've Got It Goin' On« – der Song landete im September '95 auf Platz 56 in den US-Charts und flog kurz danach wieder raus – haben nun auch die US-Fans Notiz von Nick, Brian, Howie, Kevin und A.J. genommen.

»Wow, das ist ja irre! Hört mal zu! Wir sind schon auf Platz 14 in den ganz normalen Popcharts!« schreit A.J., fällt Nick um den Hals und küßt seinen Kumpel vor Glück auf die Wange. Die Müdigkeit ist hektischer Aufregung gewichen. Alle wollen sehen, ob A.J. auch die Wahrheit gesagt hat, und jeder reißt so lange an seiner aktuellen »Billboard«-Ausgabe herum, bis die Zeitschrift schließlich ganz verknittert ist.

Letzte Woche standen die Boys bereits einige Tage vor

der Kamera und drehten den Clip zum Titelsong des neuen Albums, »Everybody (Backstreet´s Back)«. Heute werden sie das Video zu »As Long As You Love Me« drehen. Eine Woche darauf wird »All I Have To Give« verfilmt. Der unglaubliche Videostreß ist leider eine Notwendigkeit. Auch wenn »As Long As You Love Me« erst im Herbst erschien und »All I Have To Give« sogar erst Anfang ´98 auf den Markt kam, blieb kein anderer Drehtermin. Die Jungs sind restlos ausgebucht.

Die Dreharbeiten finden auf dem Gelände einer ehemaligen Fabrik statt. In einer riesigen Lagerhalle wurde eine Mischung aus hochmodernem Büro und flippigem Künstler-Loft nachgebaut. Auf der »Büro«-Seite ist eine riesige, etwa vier Meter hohe Panoramafensterscheibe. Davor stehen ein großer Designerschreibtisch mit einem Drehstuhl, ein Konferenztisch und einige Stühle. Das Büro ist topchic. Noch ist keiner da, und alles wirkt ziemlich verlassen. Auf der gegenüberliegenden Seite stehen die Backstreet Boys. Brian spielt mit seinem Basketball. Howie hängt mal wieder an der Strippe und telefoniert. Kevin lehnt lässig an einem alten Ford Mustang, der mitten im Raum steht. Nick spielt mit einem Baseballschläger herum, und A.J. träumt ein wenig vor sich hin. Plötzlich geht die Tür auf, und einige Typen der Marke Geschäftsmann stürmen herein. Sie gehen sofort in den Büroteil rüber, knallen ihre Akten und Papiere auf das Designertischchen hinter dem Schreibtisch und vertiefen sich in eine heftige Diskussion.

Sekunden später geht die Tür ein weiteres Mal auf, und den Backstreet Boys bleibt regelrecht die Luft weg. Zwei echte Traumgirls betreten den Raum. Auch sie tragen irgendwelche Mappen. A.J. nimmt seine Sonnenbrille ab. Er kann es nicht fassen, da kommen noch mehr Girls. Nach den beiden exotischen Brünetten betreten ein blondes und ein dunkelhaariges Mädchen den Raum,

gefolgt von einer weiteren Blondine und einem dunkel-
häutigen Girl. Sie trägt eine schwarze Brille und ein sexy
Outfit mit einem raffiniert geschlitzten Minirock. Kein
Zweifel, sie ist die Chefin, denn sie nimmt ganz selbst-
verständlich im großen Sessel hinter dem Schreibtisch
Platz, und die anderen fünf Beauties schwirren geschäftig um sie herum. Mit einem coolen Blick mustert das
Girl hinter dem Schreibtisch die Boys und gibt Nick ein
Zeichen: »Komm, Kleiner, zeig mal, was du draufhast«,
sagt alles in ihrem arroganten Blick. Das Einschüchte-
rungsmanöver zeigt Wirkung. Nick benimmt sich plötzlich wie ein kleiner Schuljunge. Vor lauter Nervosität tut
er so, als wäre er nicht sicher, ob er jetzt tatsächlich an
der Reihe ist. Brian macht ihm Mut, und so geht Nick
schüchtern zum Mikro und singt die erste Strophe.

»Solche Castings oder Vorsingen haben wir tatsächlich
jahrelang durchgemacht, als wir durch die USA getingelt
sind und weder einen großen Namen noch einen Plattenvertrag in der Tasche hatten. Also hat unser Management Termine bei Radio-, TV-Stationen und natürlich
Plattenfirmen gemacht. Wir sind da hin, haben uns auf-
gestellt und in irgendwelchen Büros angefangen, für
Leute zu singen, die wir noch nie im Leben getroffen hatten. Wir wußten auch nie: Ist die oder der jetzt wichtig
oder nicht? Das war hart. Es kam genau auf den Moment
an. Wenn du´s verpatzt, bist du weg vom Fenster. Für
immer, denn du bekommst nur diese einzige Chance«,
verrät Kevin.

Und von verpatzten Chancen können die Boys ein Lied
singen. Bei einer der wichtigsten Radiostationen des
Landes bekamen Nick und Brian mal einen Lachkrampf.
Sobald sie einander ansahen, brachen sie in schallendes
Gelächter aus. Es war, wie könnte es anders sein, eine Li-
vesendung. Kev, Howie und A.J. waren entsetzt, dachten
schon, daß sie gerade ihre Karriere zu Grabe getragen

hätten, als sich viele Girls im Sender meldeten und die sympathischen Boys kennenlernen wollten. Ein andermal vergaß Howie on stage seinen Text und war minutenlang völlig von der Rolle. A.J. fiel bei einem Auftritt sogar mal von der Bühne und verletzte sich leicht. Kevin riß bei einem TV-Auftritt schon mal die Hose an einer sehr pikanten Stelle, und Brian spuckte beim Vorsingen seinen Kaugummi aus Versehen auf den Moderator der Radiostation, bei der sie gerade einen Song a cappella singen durften.

»Wir dachten zuerst daran, ein Video über solche Pannen zu machen. Aber das ist leichter gesagt als getan. Da mußt du ein Vollblutkomiker sein, um den Gag auf Befehl richtig rüberzubringen«, erklärt A.J. Also entschieden sich die Boys für »As Long As You Love Me«, für ein Videokonzept, bei dem sie bei einer Plattenfirma vorsingen, in der sechs bildhübsche Girls das Sagen haben.

Während Nick sein Bestes gibt, lehnt sich das Chef-Girl hinter dem Schreibtisch bequem in ihrem Ledersessel zurück und konzentriert sich voll auf Nicks Performance. Ihre Kollegin zeigt ihr Fotos der Jungs, eine andere hat Zeitungsartikel über die Boys ausgeschnitten und vorbereitet. Eine hübsche Brünette steht hinter einer Videokamera und nimmt Nick auf. Die Blondine telefoniert. Eine andere Beauty macht sich auf einem Schreibblock Notizen. Nun spielt Kevin den Basketball zu Brian und der dribbelt lässig zum Mikro und unterstützt Nick in einer höheren Stimmlage bei seiner Gesangspassage.

Für den Refrain haben sich die Jungs was ganz Tolles einfallen lassen. Sie werden zwar zuerst einzeln mit der Kamera aufgenommen. Später sieht es aber so aus, als ob die Boys ineinander übergehen würden. Aus Nick wird Brian. Der verwandelt sich in A.J., und der wird Kevin. Schließlich entsteht aus ihm Howie. Diesen Effekt nennt man Morphing. Die US-Band 10cc machte das Anfang der 80er noch mit richtigen Überblendungen. Bei dem Michael Jackson-Video zu »Black Or White« arbeitete man schon mit einem aufwendigen Computerprogramm. Heutzutage genügen eine gute Software und ein paar Mouseclicks, um das Morphing zu realisieren.

»Mal abgesehen von dem optischen Gag, steht das Morphing für unsere Freundschaft. Wir fünf sind eine Einheit. Wir sind durch dick und dünn gegangen. Dieses Gefühl wollten wir filmisch umsetzen«, erklärt Brian, der auch die zweite Strophe übernimmt. Er trägt ein blaues Hemd und eine lässig gebundene Krawatte. Zwischen seine Performance werden nun total witzige Szenen der einzelnen Boys reingeschnitten. Nick verkleidet sich als eine Art 70er-Jahre-Boy. Seine blonde Mähne wird hochtoupiert. Er trägt eine übergroße gelbe Sonnenbrille und schrille Klamotten. In seiner Hand hält er Pfeil und Bogen, wirkt damit wie ein moderner Liebesgott. Auf einer Tafel stehen sein Name und die Zahl 13. Diese Tafeln mit Namen und Startnummer werden bei Castings deshalb benutzt, damit man bei Foto- oder Videoaufnahmen hinterher noch weiß, wer darauf zu sehen ist. In dieser Szene wirkt Nick auch eher wie bei einem Castingtermin für eine Model- oder Werbeagentur. Als nächstes Model kommt Brian an die Reihe. Er trägt einen schwarzen Lederanzug, eine schwarze Sonnenbrille und einen Cowboy-Hut und düst mit seinem Skateboard durch die Kulisse. Auf der Tafel mit seinem Namen steht die Zahl 20. Howie schießt den Vogel ab. Seine Haare sind im Afro-Look gestylt. Er trägt ein schwarzes Lederhemd und eine schrillbunte Hose und hantiert mit einer Bohrmaschine herum. Die Zahl auf der Tafel mit seinem Namen ist die 3. A.J. sitzt auf einem Stuhl, bekleidet mit einem lila Hemd, Jeans, blauem Schlapphut und einer schwarzen Sonnenbrille. In der Hand hält er das Lenkrad eines Autos und tut so, als säße er tatsächlich in einem echten Wagen. Auf seiner Tafel steht die Zahl 7. Und dann kommt schließlich Kev: Sturzhelm, durchsichtige Plastikjacke, Khaki-Hose und orangefarbenes T-Shirt. Der älteste Backstreet Boy lehnt ganz cool an einem Wellenreitboard. Auf seiner Tafel steht ebenfalls die Zahl 13. Was steckt wirklich hinter diesen Zahlen und Symbolen?

»Eigentlich ist das ganz einfach. Die Zahlen auf den Tafeln sind unsere ganz persönlichen Glückszahlen«, erklärt Howie D. Nick und Kevin haben mit der 13 übrigens zufällig die gleiche. Brians 20 steht für seinen Geburtstag (20. Februar ´75). Howie würde beim Roulette alles auf die 3 setzen, und A.J. hat die 7 schon eine Menge Glück gebracht.

Das verrückte symbolhafte Styling haben sich die Boys selber ausgedacht und dann ihre Stylistin beauftragt, die nötigen Dinge und Klamotten zu besorgen. Nick steht auf Rockmusik, also wurde er zum wilden Rocker gestylt. Pfeil und Bogen sind ein Symbol für die Liebe und für die vielen Mädchenherzen, die ihm zufliegen. Er ist und bleibt einfach der absolute Mädchenschwarm der BSB-Fans. Brian hatte als Kind neben seiner Leidenschaft für Basketball und Baseball auch eine Zeit, als er jeden Tag von morgens bis abends auf dem Skateboard verbrachte. Damals handelte er sich von seinen Freunden den Namen »Skate Cowboy« ein. Also lag es nahe, ihn mal so zu präsentieren. Bei Howies Bohrmaschine handelt es sich auch um einen Spaß, den nur sein Vater so richtig nachvollziehen kann. Mit ihm zusammen hat Howie nämlich mal versucht, das Haus der Doroughs zu renovieren, und wäre dabei um ein Haar vom Dach gefallen. A.J. und das Autofahren ist ebenfalls eine total lustige Geschichte. Da er ständig auf Tour ist, dauerte es ziemlich lange, bis er endlich seinen Führerschein in der

Tasche hatte. Bei seiner ersten Fahrt in seinem nagel-
neuen BMW mußte ihm seine Mutter zeigen, wo der
Tank ist. Kevin ist seit seiner Kindheit ein begeisterter
Motorradfahrer und Wassersportler. Deshalb auch der
Sturzhelm und das Surfboard.

Nun folgt eine tolle Choreographie, bei der die
zunächst sitzenden Boys von ihren Stühlen aufspringen,
diese zusammenklappen und kleine Kabinettstückchen
vollführen. Außerdem hat das Girl hinter dem Schreibtisch eine Fernbedienung, mit der sie die Boys je nach
Lust und Laune herbeizaubern oder verschwinden lassen kann. Die Jungs haben genug von den Spielchen
und treten nun entschlossen an ihren Schreibtisch. A.J.
schnappt sich die »Wunder«-Fernbedienung und richtet
sie auf die sechs Girls, die sich mittlerweile hinter dem
Schreibtisch versammelt haben. A.J. drückt einen Knopf
und siehe da: Die Mädchen verwandeln sich. Aus den
topgestylten Office-Beauties werden nun ganz süße Girlies. Sie tragen Zöpfe, bunte Outfits und wirken auf einmal viel fröhlicher. Sie lächeln sogar.

A.J. hat den Spieß umgedreht, denn nun sind die Boys
am Drücker und können die Girls mit Hilfe der Fernbedienung nach Lust und Laune manipulieren. Jetzt wan-
dert die Fernbedienung zu Brian, und der sucht sich per
Knopfdruck sein Lieblingsgirl. Seine Wahl fällt auf Fatima, die mit einem Basketball herumspielt. Dann ist
Kevin an der Reihe. Er entscheidet sich für die blonde
Linda. Sie erscheint prompt und hat einen Fotoapparat
in der Hand. Nick drückt nun seinerseits auf den Knopf
der Fernbedienung und Billard-Girl Gina erscheint. Howies Wahl fällt auf Jana, die anscheinend voll auf Tennis
abfährt. Und schließlich darf auch A.J. sein Glück versuchen. Bei ihm erscheint Nina, die Chefin der Girl-Gang.
Sie zeigt zuerst ihr Können am Baseballschläger und hat
im nächsten Moment schon wieder die Fernbedienung

und somit die Macht in der Hand. Ein Knopfdruck von Nina stellt die Ausgangssituation wieder her. Die Girlies verwandeln sich wieder in Business-Ladies, und die Backstreet Boys stehen wieder hinterm Mikro und performen ihren Song.

Die Verwandlungsidee stammt übrigens ebenfalls von den Boys. »Wir haben die Plattenfirmen früher regelrecht genervt. Viele haben uns einfach abgelehnt. Andere haben uns stundenlang erzählt, daß wir noch viel üben müssen und so. Während dieser Moralpredigten kommst du auf komische Ideen. So haben wir uns die Typen oft in Unterhosen vorgestellt. Untereinander haben wir uns in einer Art Zeichensprache verständigt. Das hat tierisch Spaß gemacht!« verrät Nick.

»Ich werde nie vergessen, als wir bei einer Gala in New York aufgetreten sind. Wir waren vor dem Auftritt im ausverkauften Madison Square Garden ziemlich nervös. Uns war regelrecht schlecht vor Aufregung. Whitney Houston hat uns damals angesagt. Alles lief super für uns. Das Publikum war begeistert. Und Whitney kam hinterher zu uns und gratulierte uns. Einfach irre«, erinnert sich Howie.

Und so ähnlich fühlen sich die Boys auch am Ende des Videos, glücklich und erlöst. Sie haben es geschafft und verlassen das Plattenfirmenbüro jubelnd. Auch die Girls wollen jetzt nach Hause. Doch als sie durch die Türe nach draußen gehen, passiert etwas Ungewöhnliches mit ihnen: Sie verwandeln sich wieder in die netten Girlies von nebenan. Ob die Backstreet Boys etwa was damit zu tun haben ...?

BSB besuchen Buenos Aires – Eine Stadt steht Kopf!

Die Ankunftshalle des Jorge-Newbe-Airports in Buenos Aires platzt aus allen Nähten. Überall stehen junge Mädchen, die Blumen, Stofftiere oder andere Geschenke in den Händen halten. Das aufgeregte Geschnatter der knapp tausend Girls verwandelt den internationalen Flughafen akustisch in einen riesigen Gänsemarkt. In der gigantischen Halle ist die Temperatur bereits auf unmenschliche 36 Grad Celsius angestiegen. Bei einer Luftfeuchtigkeit von weit über 100 Prozent wurden die Sicherheitskräfte verdoppelt, und auch die Sanitäter sind in Alarmbereitschaft. Pausenlos öffnet und schließt sich die elektronische Schiebetür, hinter der die gerade gelandeten Passagiere noch auf ihr Gepäck warten. Und fast jedesmal, wenn kurz ein Blick auf das Geschehen hinter der Schiebetür zu erhaschen ist, glaubt eines der Mädchen, einen Backstreet Boy gesehen zu haben. Dann breitet sich das Gekreische in Windeseile von der ersten Reihe bis in die hinteren Teile der Ankunftshalle aus, und die Menge tobt umsonst. Von Nick, Howie, Brian, Kevin und A.J. ist nämlich noch nichts zu sehen.

»So ein Chaos habe ich das letzte Mal bei der Ankunft des Papstes erlebt«, stöhnt ein Gepäckträger und fordert die Girls genervt auf, ihn mit seinem Gepäckwagen durchzulassen. Der Mann will schließlich seine Arbeit tun. Einige der gerade gelandeten ahnungslosen Passagiere erkundigen sich neugierig, auf wen die Mädchen eigentlich warten. »Backstreet Boys, wer soll denn das sein?« fragt ein älterer Argentinier ahnungslos.

Etwa 32 Millionen Einwohner hat das mit 2.766.889 Quadratkilometer achtgrößte Land der Erde. Und rein rechnerisch müßte jeder zehnte Haushalt ein Album der Backstreet Boys besitzen. Über drei Millionen BSB-Tonträger wurden hier bereits verkauft. Ihre spanischen Versionen von »I'll Never Break Your Heart« und »Quit Playin' Games« machten die fantastischen Fünf aus Florida bereits 1997 in Südamerika über Nacht zu absoluten Superstars. Doch bisher mußten sich die südamerikanischen Fans mit CDs, Fotos und Videos zufriedengeben. Denn die Backstreet Boys kümmerten sich hauptsächlich um ihre Fans auf der nördlichen Hälfte des Erdballs. Besonders die Eroberung ihrer riesigen Heimat, den USA, hatte Priorität. »Wir müßten jeden der Boys etwa 100mal klonen, um die weltweite Nachfrage befriedigen zu können«, erklärte BSB-Manager Johnny Wright einmal in einem Interview. Es war kein Scherz.

Seit einigen Wochen aber schlägt das Herz eines jeden Teenies in Chile und Argentinien höher. Seit nämlich bekannt wurde, daß Nick & Co. die beiden südamerikanischen Länder bereisen werden.

Im ersten Stock des Flughafengebäudes wird es nun laut. Einige clevere Girls haben sich nach oben begeben, um einen Blick auf das Rollfeld zu erhaschen. Es lohnt sich, denn neben der Passagiermaschine der chilenischen Fluggesellschaft Lan Chile stehen bereits einige Minibusse und jede Menge Polizeiwagen bereit. Die Passagiere haben die Maschine schon vor einigen Minuten verlassen. Die Gangway der Economy Class wird bereits wegtransportiert. Auf der Treppe der First Class im vorderen Teil des Flugzeuges erscheint jetzt eine Gestalt, die sich die Hand vor die Augen hält, um sich vor den hellen Sonnenstrahlen zu schützen. »Es ist Howie!« schreit ein

Mädchen und löst damit eine kleine Katastrophe aus. Von ihrem Schrei angelockt, drängen immer mehr Girls in den Wartebereich im ersten Stock. Die Sicherheitskräfte haben alle Hände voll zu tun. Es herrscht ein gigantisches Gedränge, das seine ersten Opfer fordert. Nun haben auch die Sanitäter Großeinsatz und müssen die halbbewußtlosen Girls aus der Menge ziehen und auf Tragen abtransportieren.

Inzwischen erscheinen auch die anderen Backstreet Boys, und die Mädchen drücken sich an der Scheibe ihre Nasen platt und schreien sich die Seele aus dem Leib. Nick, Howie, Brian, Kevin und A.J. verschwinden rasch in den bereitstehenden Kleinbussen und werden mit Blaulicht von einer Polizeieskorte in die City begleitet.

»Achtung, Achtung eine dringende Durchsage! Die Backstreet Boys haben den Flughafen bereits verlassen. Bitte räumt so schnell wie möglich die Ankunftshalle, damit der Flugbetrieb ungestört weitergehen kann«, tönt es aus den Lautsprechern. Ein Raunen geht durch die Menge, die sich langsam auflöst. Es kehrt wieder Normalität ein.

Szenenwechsel. Eine Stunde später erreicht der BSB-Konvoi das Interconti-Hotel. Mehrere hundert Mädchen warten bereits vor dem Luxushotel der City. Alles geht blitzschnell, ist minutiös geplant. Mit hohem Tempo rasen die Kleinbusse in die Tiefgarage des Hotels. Einige Mädchen versuchen, dem Konvoi zu folgen, werden aber von Hotelangestellten daran gehindert. Am Garagentor ist für sie Endstation.

Im Bauch des Hotels stürzen die Backstreet Boys zusammen mit ihren Bodyguards in die riesigen Aufzüge. Ein Hotelbeamter sorgt mit einem Spezialschlüssel dafür, daß der Lift erst wieder im 14. Stockwerk anhält. Dort ist eine Tagessuite gemietet, die täglich über 1.000 Mark kostet und in der schon die versammelten Vertreter der Presse aus ganz Südamerika warten. Als Nick, Howie, Brian, Kevin und A.J. eintreten, werden sie mit Applaus empfangen. Sie nehmen Platz und entschuldigen sich für die kleine Verspätung: »Sorry, aber wir sind wie immer zu spät!« Howie erntet seinen ersten Lacher, und die Pressekonferenz kann beginnen.

Die Journalisten interessiert besonders, welche Beziehung die Boys zu Südamerika haben. Viel gelesen hätten sie über Argentinien, erzählt Howie in perfektem Spanisch. Und daß die Steaks aus Argentinien einfach unschlagbar seien. Die würden die Jungs zu Hause in Orlando oft und gerne verdrücken. Den Journalisten imponiert sehr, daß Howie fast akzentfrei in ihrer Heimatsprache antworten kann. Und als sich die fünf Boys auf verschiedene Tische aufteilen, um in Einzelinterviews Rede und Antwort zu stehen, ist Howies Tisch der begehrteste.

Das Mittagessen fällt aus. Schließlich müssen die Backstreet Boys die verlorene Zeit reinholen. A.J.s Mum Denise und Tourmanagerin Nina Buetti versorgen ihre Boys so gut es geht mit Häppchen vom Journalisten-Buffet und Literflaschen Wasser ohne Kohlensäure. Denn merke, wer viel singt, der sollte so wenig Luft wie nur möglich im Magen haben! Fünf Bodyguards bewachen derweil den Eingang der Suite. In der Hotelhalle wimmelt es von Polizei, die auch draußen den Hotelkomplex weiträumig abgesperrt hat. Es herrscht Ausnahmezustand. Man könnte meinen, der US-Präsident selbst residiere im Interconti.

Eine weitere Stunde vergeht, und mittlerweile hat auch der letzte Radiosender seine ID auf Band, die alle so ähnlich klingen wie: »Hi, wir sind die Backstreet Boys, und ihr hört Radio Soundso auf 98,3 FM!« Schließlich singen die Boys noch ihre A-cappella-Version von »I'll Never Break Your Heart« auf spanisch.

Auf der Bühne unschlagbar: Brian bei Quit Playin' Games. © PPW/Herwig

Während die Jungs sich nun verabschieden und mit ihren großen Sporttaschen die exklusive Herrentoilette aufsuchen, um sich frisch zu machen, erhält Nina einen Anruf von Denise, die bereits 50 Kilometer nördlich am Stadtrand von Buenos Aires angekommen ist. 10.000 Fans warten hier auf dem Open-air-Gelände des Luna Parks, einem antiken Amphitheater. 20.000 stehen ohne Karte vor dem Eingang. Es wird geschoben und gedrückt. Die Situation spitzt sich zu. Tourveranstalter José versucht, den Zuschauerbereich zu vergrößern, entscheidet aber gleichzeitig, daß die Backstreet Boys nicht mit den Bussen auf das Gelände kommen sollen, da ein Durchkommen zur Bühne nicht mehr möglich ist. »Sie sollen zum Hafen fahren! Wir treffen uns um 18 Uhr am Pier 5«, gibt er Denise zu verstehen. Sie gibt es weiter und fängt langsam an, sich Sorgen zu machen.

Als die Boys fast pünktlich an Pier 5 stehen, staunen sie über Josés Überraschung. Die ist schneeweiß, 20

Meter lang und wunderschön. »So muß ein Boot aussehen«, schwärmt Nick, als er den Fuß auf Josés Luxusyacht setzt. Der dreht den Schlüssel um, und nun lauschen die Boys beeindruckt dem Tuckern des 600-PS-Motors.

Nick hängt an Josés Lippen, will alles über dessen Boot wissen und freut sich wie ein kleines Kind, als ihn José endlich ans Steuer läßt, sobald sie den eigentlichen Hafenbereich verlassen haben. »Zeig, was du draufhast«, meint José. Nick schiebt den Gashebel nach vorne. Die Yacht bäumt sich auf wie ein wildes Tier und rast mit lautem Geheul los.

Um zum Luna Park zu kommen, müssen die Boys den 45 Kilometer breiten Rio de la Plata überqueren. Das dauert ungefähr eine Stunde und ist ein kleines Abenteuer. Die Strömung und die allesverschlingenden Strudel können sehr tückisch sein. José läßt Nick aber keinen Moment aus den Augen und gibt ihm wichtige Tips. Die anderen Jungs relaxen und genießen das Licht der untergehenden Sonne. Howie macht ein kleines Nickerchen. Brian und Kevin wechseln sich an der Videokamera ab. A.J. schmeißt eine CD von R. Kelly in seinen Player.

Kurz nach sieben legt Josés Yacht an dem kleinen Steg am Luna Park an, und die Boys springen in den Bus, der sie schon erwartet. Jetzt sind es nur noch fünf Minuten. Langsam bahnen sie sich den Weg bis hinter die Bühne, so daß sie aussteigen können, ohne vom Publikum gesehen zu werden. Hinter der Bühne legen sie ihre Headset-Mikrofone an. Die kabellosen Mikros werden einfach mit einem Bügel hinterm Ohr befestigt, und so haben die Jungs die Hände frei, was bei ihrer akrobatischen Choreographie auch nötig ist. Die Backstreet Boys stellen sich im Kreis auf, halten sich an den Händen und ziehen ihr immer gleiches Ritual durch. Sie beten zu Gott und bitten um eine gute Show. Dann stürmen sie unter dem

Jubel von mittlerweile knapp 20.000 Fans auf die Bühne des Luna Parks.

Die BSB-Band, übrigens extra für diesen Liveauftritt aus Orlando eingeflogen, rockt gleich richtig los. »Everybody« heißt der Opener an diesem Abend, und 20.000 Paar Hände folgen der musikalischen Aufforderung. Die südamerikanischen Kids machen ihrem guten Ruf als temperamentvollstes Publikum der Welt alle Ehre. Die Boys haben sich ganz nah am Bühnenrand aufgebaut und legen eine nagelneue Choreographie hin, die absolute Weltspitze ist. Dann rennen die Boys wieselflink von einer Bühnenseite zur anderen und feuern ihre Fans immer wieder an.

»Do you wanna party with us?« schreit A.J. ins Publikum und wiederholt, »I said – do you wanna party with us?« Und schon geht es mit »Let´s Have A Party« ab. Mit dem Feten-Kracher aus dem ersten BSB-Album peitschen die Boys ihr Publikum zur Ekstase. Leider kippen bei einer Abendtemperatur von immer noch stolzen 30 Grad die ersten Mädchen um und werden in eines der drei Sanitätszelte gebracht.

Nun kommt Howies großerAuftritt: In perfektem Spanisch begrüßt er die Fans, stellt jeden Backstreet Boy einzeln vor und sagt den nächsten Song an. Die Boys drosseln mit ihrem Hit »As Long As You Love Me« das Tempo ein bißchen. Unter dem Gekreische der 20.000 übernimmt Mädchenliebling Nick die Leadstimme. Beim Refrain singt die ganze Arena des alten Amphitheaters im Luna Park mit. Am Ende des Songs verneigen sich Nick, Howie, Brian, Kevin und A.J. zum Dank vor ihrem tollen Publikum. Es folgt die dritte Single aus dem zweiten BSB-Longplayer. Mit »All I Have To Give« schlagen die Backstreet Boys romantische Töne an. Außer Kev hat jeder Boy einen Solopart. Es gibt jede Menge Szenenapplaus.

»Eigentlich sind wir schon am Ende unserer kleinen Show. Das war nur ein Vorgeschmack! Seid nicht traurig, wir kommen bestimmt bald wieder«, verabschiedet sich Howie noch einmal auf spanisch und sagt den letzten Song an. Es ist »I'll Never Break Your Heart« oder besser »Nunca Te Hare Lorar«, wie der Song auf spanisch heißt. Und als die Boys anfangen, in der Muttersprache ihres südamerikanischen Publikums zu singen, verwandelt sich die Arena in ein Lichtermeer. 20.000 Feuerzeuge brennen. Brian und A.J., die beiden Leadsänger, lassen jedes Wort auf der Zunge zergehen. Viele Mädchen schreien und heulen vor Glück. Auch Kevin, Nick und Howie kriegen ganz feuchte Augen, genießen diesen »magic moment« ganz besonders. Und als der letzte Akkord verklingt, verbeugen sich Nick, Howie, Brian, Kevin und A.J. minutenlang. Eine große Geste als Dankeschön für ein tolles Publikum.

Blitzbesuch in Germany – Die Backstreet Boys unplugged!

»Good evening everybody! We are proud to be here to-night«, begrüßt Kevin die etwa 2.000 VIP-Gäste. Baden-Württembergs erfolgreichster Privatsender Radio Regenbogen feiert an diesem Abend sein zehntes Jubiläum, und die Backstreet Boys stehen nach monatelanger Abwesenheit erstmals wieder auf einer deutschen Bühne. Es ist der 27. März 1998, und in der riesigen Mannheimer Stadthalle glänzen die Augen der hochkarätigen Persönlichkeiten beim Anblick von Nick, Howie, Kevin, Brian und A.J.

Der Radio-Regenbogen-Moderator Mike Diel richtet einige Fragen an die Boys. »Ja, es stimmt. Wir sind schon einige Tage in Köln, proben dort wirklich hart an unserer neuen Show. Morgen werden wir erstmals ein Unplug-ged-Konzert geben. Wir sind sehr nervös, haben in den letzten zwei Tagen kaum geschlafen. VIVA schneidet live mit. Da muß schon alles perfekt sein«, erzählt Howie dem Publikum. Neben der Kanzlergattin Hannelore Kohl kleben auch »Peep!«-Moderatorin Verona Feldbusch, Nena und die restliche anwesende Damenwelt im Saal an Howies Lippen. Österreichs schönster TV- und Kinoexport, die rassige Sonja Kirchberger, hat schließlich das große Glück, zu den Jungs auf die Bühne zu dürfen. Sie liest die Laudatio und überreicht den fünf Boys aus Florida den

Radio Regenbogen Award. Als sie von jedem Backstreet Boy ein Dankeschön-Küßchen bekommt, strahlt sie glücklich und verläßt die Bühne. Die BSB stecken ihre Köpfe zusammen, und jeder summt seinen Grundton. Dann heben sie fünfstimmig zum Refrain von »All I Have To Give« an. Ohne einen Ton Musik, nur mit der Magie ihrer fünf Stimmen, verzaubern sie ihr Publikum für knappe drei Minuten. Dann bricht ein wahrer Jubelsturm los. Sie verneigen sich und verlassen die Bühne durch den Seitenausgang. Während Brian und Nick sich sofort erkundigen, wo es zum Buffet geht, vertieft sich Howie in ein langes Gespräch mit dem Schweizer Hit-Eidgenossen D.J. Bobo, bei dem die Backstreet Boys 1996 noch im Vorprogramm auftreten durften. Die meisten Gäste tummeln sich kurz nach dem Finale der vierstündigen Gala-Veranstaltung schon in den Gängen außerhalb der Halle. A.J. bahnt sich zusammen mit seinem Bodyguard Todd den Weg zum Eingang und sucht den Kontakt mit seinen Fans. Zu Hunderten warten sie vor den Absperrgittern. Er schreibt fleißig Autogramme und läßt sich sogar mit einigen Mädchen fotografieren. Kevin, der sich noch kurz vor der Show einen häßlichen Pickel ausgedrückt hat und ein kleines Pflaster auf der Stirn trägt, schlendert mit einem Glas Orangensaft durch die Menge, begrüßt einige Pop-Kollegen und erklärt sich schließlich bereit, dem Top-Moderator Mike Diel von Radio Regenbogen ein Interview zu geben. Gegen Mitternacht verlassen die Backstreet Boys Mannheim in Richtung Köln.

Vor ihrem Hotel in der Kölner City stehen um diese Zeit immer noch mehrere hundert Fans, die mit Sprechchören ihre Idole auffordern, sich wenigstens am Fenster zu zeigen. Fehlanzeige! Die Girls können ja nicht wissen, daß sich Nick & Co. noch auf der Autobahn befinden und längst in den bequemen Sesseln ihres Nightliner-Busses eingeschlafen sind.

Am nächsten Morgen sind die Backstreet Boys nach einem ausgiebigen Frühstück schon wieder unterwegs zum VIVA Studio 1 in Köln Ossendorf, wo am Abend das geheime Unplugged-Konzert stattfinden wird. Geheim deshalb, weil nur 200 Gewinner eines BSB-Wettbewerbs des Kölner Musikkanals als Publikum dabeisein dürfen. Außerdem zählen auch noch 14 BRAVO-Gewinnerinnen zu den glücklichen Girls. Vor der Halle haben sich schon um die Mittagszeit einige Fans versammelt. Sie sind sauer, daß sie keine Karte bekommen haben. Eigentlich sind die BSB ja gerade auf großer Europa-Tour, Deutschland steht diesmal aber nicht auf dem Tourschedule. Vor zwei Tagen reisten sie aus Schweden für das einzige Konzert in Germany an, das natürlich jeder eingefleischte BSB-Fan gerne sehen würde. Zumal es ja ein ganz besonderes werden soll, wie in Fan-Kreisen gemunkelt wird.

»Ich bin extra von zu Hause abgehauen, um die Backstreet Boys live zu sehen«, fleht die 16jährige Britta aus Wiesbaden einen Sicherheitsbeamten am Eingang an. Doch der kann der hübschen Blondine mit dem roten Plüschherz-Rucksack auch nicht helfen. Das Management, die Plattenfirma Jive und die Jungs wollten für diese TV-Aufzeichnung eigentlich überhaupt kein Publikum zulassen. Wer schon mal ein BSB-Konzert gesehen hat, der kann sich vorstellen, warum. Bei einem normalen Konzert kreischen etwa 10.000 bis 20.000 Fans lautstark um die Wette. Würde man genauso viele Fans zu einem Unplugged-Konzert zulassen, wäre von der Musik überhaupt nichts mehr zu hören. Bei Unplugged-Konzerten («unplugged», engl. für »ausgesteckt«) werden nämlich nur akustische Instrumente benutzt, und man verzichtet weitgehend auf technische Verstärkung. Außerdem braucht die ganz bestimmte Atmosphäre eines Unplugged-Konzerts einen sehr intimen Rahmen. Die Zahl

200 war den Backstreet Boys wohl gerade noch intim genug.

Während die ersten Journalisten versuchen, jeden auszuquetschen, der aus dem TV-Studio kommt, wächst die Fan-Gemeinde vor der Halle merklich. Mit Sprechchören fordern die Girls die Backstreet Boys auf, nach draußen zu kommen. Leider ohne Erfolg. Im Inneren der Halle laufen nämlich die letzten Vorbereitungen für das Konzert auf Hochtouren. Einige Songpassagen werden immer und immer wieder geprobt.

Die Boys tragen noch ihre üblichen Sportklamotten. In der Garderobe werden inzwischen die Hemden der Jungs gebügelt. Ihre Anzüge sind bereits ausgepackt und hängen der Reihe nach auf einer Kleiderstange. Brian steht als einziger auf der Bühne und zieht Grimassen in Richtung Nick, der unten an der Stelle steht, wo später die 200 Mädchen sitzen werden. A.J.s Mum Denise ist auf der Suche nach dem BSB-Manager Johnny Wright, doch der läßt sich gerade vor der Halle mit den 14 BRAVO-Gewinnern fotografieren. Dann fordert Bodyguard Todd, der seine Stimme mit einem Megaphon verstärkt, alle Musiker und Techniker auf, die Bühne zu räumen. Die Boys sollen sich in ihrer Garderobe zu einer Besprechung versammeln, um allerletzte Regieanweisungen durchzugehen. Anschließend werden sie ihre Bühnenoutfits anziehen, und dann bekommen sie ihr TV-Make-up. Bis zum Konzertbeginn sind es noch zwei Stunden. In dieser Zeit werden die Jungs noch einen Happen essen. Die Kameraleute haben genügend Zeit, sich noch einmal mit den Lichttechnikern abzustimmen, und die Sicherheitsleute können dem Publikum in Ruhe zeigen, wo es sitzen wird.

Vor der Halle rollen inzwischen die Busse mit dem Schild »Sonderfahrt« an der Windschutzscheibe heran. Als sich die Schwingtüren automatisch öffnen, steigen die ersten glücklichen Gewinnerinnen des VIVA-Wettbe-

Das Chamäleon der BSB: A.J. ist der Mann der 1.000 Looks. © teutopress

werbs aus. Die meisten von ihnen haben vor lauter Aufregung schon ganz rote Gesichter. Ein Betreuer weist
ihnen den Weg in die Halle. »Ihr gemeinen Schlampen«,
ruft plötzlich eines der Mädchen, die hinter den Absperrgittern stehen. Sie schreit sich den Frust von der Seele,
ist stocksauer, daß sie nicht zu den Auserwählten gehört.
Sofort ist ein Betreuer bei der Gruppe von Mädchen und
versucht, sie zu beruhigen. Ganz verunsichert von dem
Vorfall, steigen die Mädchen aus den insgesamt drei Bussen. Sie sehen hastig zu der Randalierer-Gruppe hinüber
und verschwinden dann so schnell wie möglich in der
Vorhalle des TV-Studios. Etwa zehn Sicherheitskräfte
geleiten die Mädchen, die zum Teil mit ihren Müttern
aus ganz Deutschland angereist sind, auf ihre Plätze vor
der Bühne, die noch ganz dunkel ist. Von den Backstreet
Boys ist weit und breit noch niemand zu sehen. Einige
Roadies sind gerade damit beschäftigt, Kerzen und Räucherstäbchen anzuzünden.

Bevor das Konzert jedoch losgehen kann, erscheint BSB-Manager Johnny Wright auf der Bühne. Nun gehen auch die Scheinwerfer an, die den Bühnenbereich in ein warmes, rotes Licht tauchen. Über der Bühne ist eine kreisrunde Lichttraverse zu erkennen. Ein roter Vorhang schließt die Bühne nach hinten ab. Vor dem Schlagzeug und den anderen Instrumenten stehen fünf Barhocker. Johnny nimmt sich ein Mikrofon und bittet die Fans um Ruhe. Er erklärt den Girls ganz langsam auf englisch, daß es bei diesem Konzert einige Regeln gibt, die normalerweise bei einem Konzert der Backstreet Boys nicht gelten. Zum einen bittet Johnny die Fans, während der Show sitzen zu bleiben. Während der Songs müssen sie mucksmäuschenstill sein. Nur in den Pausen zwischen den Songs dürfen sie applaudieren. Dann fordert der clevere BSB-Manager die anwesenden Girls auf, so laut zu schreien, wie sie nur können. Sie kreischen und jubeln minutenlang. »Versteht ihr jetzt? Wenn ihr so einen Krach während der Songs macht, dann hört man von den Backstreet Boys und ihrer Band so gut wie nichts mehr«, klärt sie Johnny auf.

Das sechsköpfige Streichorchester, der 12köpfige Chor und die BSB-Band nehmen nun Platz. Auch der musikalische Leiter und Arrangeur Giovanni Morant betritt jetzt die Bühne und verbeugt sich theatralisch.

Um exakt 18.40 Uhr erscheinen die Backstreet Boys. Sie tragen dunkelgraue Anzüge und bunte Hemden. Nick überrascht mit einem ganz neuen Pagenkopf. Er trägt die Haare jetzt länger und mit Seitenscheitel. A.J. wirkt mit seiner obligatorischen Sonnenbrille cool wie eh und je. Auch er trägt sein Haar wieder länger, lockig und dunkelrot gefärbt. Um überhaupt auftreten zu können, waren Nick und A.J. in den letzten Tagen mehrmals beim Arzt, der ihre Halsentzündung mit Vitamin- und Antibiotika-Spritzen behandelte. Nun nehmen sie wieder gutgelaunt auf ihren Barhockern Platz. Howie zwinkert den Girls in der ersten Reihe zu und flirtet ein bißchen. Brian stellt den Mikrofonständer so ein, daß sein Mikrofon in der richtigen Höhe steht, und untermalt die Aktion mit lustigen Quietschgeräuschen. Die Mädchen im Publikum lachen über den sympathischen Clown. Das Eis ist gebrochen. Kevin, der älteste Backstreet Boy, sieht blendend aus wie immer. Er nimmt einen kräftigen Schluck aus seiner Wasserflasche und bittet die Girls nochmals, während der Songs auch wirklich ruhig zu sein und während des gesamten Konzerts sitzen zu bleiben. Die Mädchen nicken verständnisvoll.

Giovanni schwingt seinen Taktstock und endlich erklingen die ersten Töne. Die Backstreet Boys beginnen ihr Unplugged-Konzert mit der romantischen Ballade »Who Do You Love«. Bereits bei dem Opener schwillen A.J.s und Brians Halsadern mächtig an, denn die beiden Freunde übernehmen die Leadstimme. Die Band und die Streicher klingen unheimlich sanft, fast zärtlich. Aus den Boxen strömt Romantik pur, und die Kerzen und Räucherstäbchen runden die einzigartige Atmosphäre noch ab. Die Fans verhalten sich auch nach dem Song großartig. Sie klatschen, jubeln, kreischen aber nicht hysterisch.

Auch als Nick Carter, der absolute Mädchenschwarm der Backstreet Boys, die Leadstimme zum Hit »As Long As You Love Me« übernimmt, geraten sie nicht völlig aus dem Häuschen. Nick singt die erste Strophe mit geschlossenen Augen und streicht sich dabei immer wieder eine blonde Haarsträhne aus dem Gesicht. Es folgt der Song »10.000 Promises«, den normalerweise Kevin singt und dabei von Nick am Schlagzeug begleitet wird. In der Unplugged-Version übernehmen A.J. und Brian die Hauptstimmen. Nun setzt auch der gewaltige Chor unter der Leitung von Dugg Hollyday ein und sorgt für Gänsehaut-Feeling. Jetzt ist es Zeit für Brians großen Auftritt. Er schnappt sich eine akustische Gitarre und sagt seinen selbstkomponierten Song »That´s What She Said« an, der übrigens auf dem zweiten BSB-Album zu finden ist. Zärtlich zupft er die Akkorde, und nach und nach steigt die ganze Band mit ein. Fast übergangslos geht's mit der zweiten Nummer aus Brians Feder weiter. »Where Do We Go From Here« hat nicht nur Weltpremiere, sondern auch gute Chancen auf einen Platz auf dem dritten BSB-Longplayer. Der minutenlange Applaus nach der romantischen Ballade freut Brian ganz besonders. Schließlich arbeitet der Blondschopf seit Monaten hart an seinem Songwriting. Er wird immer besser.

Stimmungswechsel. Die Fans werden nun mit Latino-Rhythmen wieder wachgerüttelt. Loverboy Howie ist an der Reihe und stimmt sein Solo »My Heart Stays With You« an. Während des Songs gleitet er lässig von seinem Barhocker, schnappt sich eine weiße Rose und überreicht sie einem überglücklichen Mädchen in der ersten Reihe.

Kevin ist als nächster dran. Seine Solo-Einlage ist für die 200 Fans eine echte Überraschung. Der sensible Waageboy drückt die Tasten seines Flügels so sanft, daß die Töne zuerst kaum zu hören sind. Es ist so still in der Halle, daß man die berühmte Stecknadel fallen hören könnte. Dann setzt Saxophonist Obi ganz sanft zu Kevins Klavierharmonien ein. Schließlich stimmt auch noch die Cellistin Ilsa mit ein. Aufmerksam verfolgt das Publikum den romantischen Instrumental-Song und spendet anerkennend Applaus.

Nun ist Nick an der Reihe. Als er auf seinem Barhocker Platz nimmt, droht die Reaktion des Publikums für Sekunden in totale Hysterie umzuschwenken. Die Mädchen scheinen sich aber an das Versprechen zu erinnern, das sie Johnny gegeben haben und kriegen ihre Emotionen schließlich in den Griff. Man kann sie verstehen. Nick sieht einfach hinreißend aus. Mit seiner brandneuen, ganz ruhigen Version von »Heaven In Your Eyes« schmeichelt er sich Ton für Ton in die Gehörgänge und Herzen seiner Zuhörerinnen. Wer glaubt, daß Nicks Solo schon der Höhepunkt des Abends war, der irrt. Nach A.J.s sensationell interpretiertem Song »Lay Down Beside Me« versammeln sich die fünf Jungs nämlich wieder auf der Bühne, um, unterstützt von Streichern, Chor und Band, den Song »Like A Child« zum besten zu geben. Nun heißt die Parole »Tränen los«. Wie auf ein unsichtbares Zeichen fangen die meisten Girls an zu heulen. Während Brians Schluß-Solos knistert die Studioluft vor Spannung. Genau diese Atmosphäre erreichen Musiker, wenn überhaupt, nur in einem so intimen Rahmen. Und genau dieser Moment hat die Jungs genauso mitgerissen wie ihr Publikum. Das bedankt sich mit tosendem Applaus.

Es folgt ein weiteres Highlight. Mit »Quit Playin' Games« ist nicht nur Brians Lieblingssong an der Reihe, sondern auch der erfolgreichste BSB-Song in ihrer bisherigen Karriere. Langsam kommt auch ein wenig Schwung ins Konzert. Bevor die Backstreet Boys aber zum grandiosen Finale blasen, basteln sie aus »If I Don't Have You« und »I'll Never Break Your Heart« mal eben einen Song.

Nach 70 Minuten darf dann endlich getanzt werden. Die Handbremse wird gelockert, und die BSB verabschieden sich mit »Let's Have A Party« von ihren disziplinierten Fans, die schließlich doch noch das Tanzbein schwingen dürfen. Nick, Howie, Brian, Kevin und A.J. fällt die Last der letzten Tage von der Seele. Sie haben bewiesen, daß sie auch ohne große Show und akrobatische Tanzeinlagen ihr Publikum allein mit ihrer Musik und ihren Stimmen fesseln können. Wenn das kein Grund zu feiern ist!!! Und genau das werden sie an diesem Abend noch ausgiebig tun.

Die BSB-Tour '98 durch die USA war ein einziger Siegeszug für die fünf Jungs aus Florida. © PPW/Herwig

Die Backstreet Boys duschen, ziehen sich um, klettern gutgelaunt in ihren Bus und düsen zurück nach Köln.

In einem zweistöckigen Loft in der Kölner City findet die geheime Edelmetall-Party der Backstreet Boys statt. Etwa 50 Ehrengäste wohnen einer einzigartigen Zeremonie bei. Die Backstreet Boys und ihr Management werden von ihrer Plattenfirma Jive Records mit einem wahren Gold- und Platin-Regen überschüttet. So gut wie jeden Plattenmarkt der Erde haben die fünf Boys aus Orlando mittlerweile erobert. Die Boys bedanken sich einzeln bei ihren Managern, ihren Familien, bei Gott und natürlich untereinander. Kevin richtet sich noch einmal ganz gezielt an die versammelte Presse: »Seid fair zu uns, so wie ihr es bisher in der Vergangenheit auch wart. Wir haben jetzt einen Status erreicht, der einige Neider auf den Plan ruft. Gerüchte werden bewußt gestreut, um uns auseinanderzubringen. Aber das wird nicht geschehen. Nach dem heutigen Konzert sind wir stärker denn je. Wir lieben unsere Fans – ganz besonders die hier in Germany, wo die Karriere der Backstreet Boys begann. Das werden wir nie vergessen!«

A.J., der während Kevins ergreifender Ansprache nervös hin und her getänzelt ist, schnappt sich das Mikrofon und brüllt: »Was haltet ihr davon, wenn wir jetzt endlich eine Party im Backstreet-Style feiern?« Die Leute grölen, und die Fete beginnt. Während Nick und Brian sich ziemlich schnell absetzen und zurück ins Hotel fahren, schnappen sich Kev und A.J. zwei Mikros und rappen zu dem heißen Soulsound des DJs. Die beiden machen richtig Stimmung. Howie hat sich eine Coke besorgt und begrüßt die Partygäste. Er gesellt sich schließlich zu Ben von Caught In The Act, der mit Aleksandra Bechtl und Mola gekommen ist, und plaudert ausgelassen. Nach zwei Stunden brechen sie zusammen mit Kevin, A.J. und den BSB-Bodyguards auf, um das Kölner Nachtleben unsicher zu machen. Eine lange Nacht nimmt ihren Lauf, und die Boys gehen erst ins Bett, als die Sonne schon wieder aufgeht ...

»All I Have To Give« –
Eine Hommage an die
wahre Liebe!

Mit vollem Anlauf springt Spaßvogel A.J. in den flachen Pool und rutscht einige Meter auf dem Bauch über den Boden. »Kommt rein, das Wasser ist herrlich warm! Ich glaube, hier hat einer von euch schon reingemacht – stimmt's?« erkundigt sich A.J. und sieht in seinem weißen T-Shirt, der roten Hose und den weißen Socken aus wie ein begossener Pudel. Nach und nach, aber weniger enthusiastisch, folgen ihm Nick, Brian, Howie und Kevin ins strahlendblaue Wasser des ein Meter tiefen Schwimmbeckens.

Alle Boys tragen volle Montur, Shirt, Hose und Socken. »Los, rein mit euch, und taucht einmal komplett unter! Ich will, daß alles naß wird, auch eure Haare«, befiehlt Regisseur Nigel Dick. Der Videoprofi aus Los Angeles steht bereits zum zweiten Mal für die Jungs aus Florida hinter der Kamera, um nach »As Long As You Love Me« nun auch die romantische Ballade »All I Have To Give« filmisch umzusetzen. Gar kein so leichtes Unterfangen, denn als endlich alle fünf Jungs in dem aufblasbaren Pool mit fünf Meter Durchmesser Platz genommen haben, kommt es erst mal zu einer regelrechten Wasserschlacht. Wie fünf junge Hunde balgen sich die Mitglieder der momentan weltweit erfolgreichsten Boyband quer durchs Planschbecken. Nigel, der, auf einem Kran sitzend, seine Kamera mit einem Handtuch vor Wasserspritzern schützt und das ganze Treiben aus der Vogelperspektive über dem Becken beobachtet, sieht entsetzt zu A.J.s Mum Denise rüber. »Du sagtest doch, die Jungs wären diszipliniert, und jetzt führen sie sich auf wie ein Haufen wildgewordener Punks!« schreit der Clip-Regisseur. Leider versteht Denise bei dem Lärm, den ihre Schützlinge veranstalten, kein Wort.

Brian taucht Nick gerade unter, und die Luftblasen, die an die Oberfläche sprudeln, signalisieren, daß dem blonden Mädchenschwarm langsam, aber sicher die Luft ausgeht. A.J. trägt Howie auf den Armen, als wolle er eine Braut über die Schwelle tragen. Bevor er ihn aber ins Wasser zurückfallen lassen kann, schleicht sich Kev von hinten an und grätscht A.J. die Beine weg. Der Poolboden ist nämlich aus superglattem Plastik. A.J. und Howie purzeln übereinander zurück ins kühle Naß.

Nigels Assistent rennt schwitzend herbei. Er reicht seinem Boß ein weißes Megaphon. Zuerst ist eine fiese Rückkoppelung schuld daran, daß die Boys samt Videoteam um ein Haar ihr Gehör für immer verlieren. Dann schreit Nigel ins Megaphon: »Aufhören, aufhören, ihr sollt aufhören, verdammt noch mal! Ich komme gleich runter und dann versohle ich jedem einzelnen von euch den Hintern!«

Nigels Warnung macht schließlich mächtig Eindruck, und die Raufbolde verwandeln sich wieder in die smarten Backstreet Boys. »Hey, Nigel, mach mal halblang, es sind Jungs. Sie wollen auch mal Dampf ablassen. Ist doch alles halb so wild«, meint Fatima, die bildhübsche Chef-Choreographin der Boys. Sie trägt ein bauchfreies Outfit mit afrikanischen Mustern. Das schmale Top und der lange, hauteng Wickelrock bringen ihre Traumfigur voll zur Geltung. Vor der selbstbewußten Lady mit der kaffeebraunen Samthaut hat nicht nur Nigel Respekt – auch die Boys kuschen nun kleinlaut. »So, ihr Kindsköpfe. Ihr macht jetzt, was ich sage, sonst geht's ohne

Abendessen ins Bett, klar?« scherzt Fatima und erklärt den Boys die nächste Szene. Nigel hat sich für die Aufnahmen im Pool etwas Besonderes einfallen lassen: Die Boys liegen auf dem Rücken im Wasser und performen in einer sternförmigen Anordnung eine Art Wasserballett. Fatima studiert mit ihnen dafür drei verschiedene Ballettfiguren ein.

Nigel filmt die Boys frontal von oben, ohne daß man den Rand des Beckens sieht. So wird die räumliche Dimension aufgehoben, und man hat den Eindruck, die Boys hingen sternförmig an einer blauglitzernden Wand.

Es ist Anfang Juli, und die Sonne brennt mit 30 Grad fast schon senkrecht vom Himmel, was bedeutet, daß Nigel eine ganz bestimmte Position finden muß, sonst wirft er seinen Schatten auf die Boys. Der Kran wird in eine andere Position gebracht, und die erste Einstellung kann gedreht werden.

»All I Have To Give – die erste!« schreit das Script-Girl und betätigt die elektronische Klappe. Auf ihr sieht man, wie ein Zahlencode abgespielt wird, der sogenannte Timecode. Mit seiner Hilfe können später Videobilder und Musik synchronisiert werden.

Die ersten Szenen klappen auf Anhieb. Die Boys ziehen ihre Wasserballett-Figuren professionell durch, dürfen aus dem Pool klettern und sich trockene Klamotten anziehen. Davor müssen sie aber noch in die Maske. Der Rest des Videos wird nämlich innen gedreht, und dafür benötigt man ein ganz anderes Licht. Und dementsprechend auch ein anderes Make-up.

»Hey, A.J., kannst du mir eine von deinen Sonnenbrillen leihen? Ich habe meine im Hotel liegenlassen«, fragt Howie, während er mit einem Spezialkamm durch seine lange Lockenmähne fährt, bevor er seine Haare streng nach hinten zu einem Zopf bändigt. Nick bittet Kev, ihm sein Bandana am Hinterkopf zusammenzu-

155

binden. A.J. putzt sich die Zähne, und Brian sitzt bereits mit geschlossenen Augen ganz entspannt in der Maske.

Tagelang war Nigel mit seinem Team auf Locationsuche. Durch Zufall entdeckte er schließlich das stillgelegte Fabrikgelände am Santa Monica Boulevard. In dem alten Warehouse, das aus den 50er Jahren stammt und erst vor kurzem renoviert und zu einem hochmodernen Bürokomplex umgebaut worden ist, mußte nur alles effektvoll mit jeder Menge Licht ausgeleuchtet werden. Nigel und die Backstreet Boys hatten Glück: Sie konnten das Warehouse für eine Woche mieten, bevor die eigentlichen neuen Mieter, eine amerikanische Softwarefirma, hier ihre Zelte aufschlugen.

Bei dem dritten Clip aus ihrem zweiten Longplayer »Backstreet´s Back« verzichten die Jungs ganz bewußt auf eine Handlung, hübsche Girls oder irgendwelche anderen Komparsen. »Wir wollten ein sehr stilvolles Video drehen. Schließlich ist der Song auch sehr gefühlvoll«, verrät Kev, der sich mit seiner Clip-Idee sogar gegen die Meinung des Managements durchsetzen konnte. Der älteste Backstreet Boy verfaßte kurzerhand ein Videokonzept und überzeugte die Skeptiker in der BSB-Chefetage.

Der Song stammt übrigens aus der Feder des New Yorker Produzententeams Full Force und geht nicht nur musikalisch voll unter die Haut. Auch der Text hat's in sich.

»All I Have To Give« erzählt die Geschichte eines Jungen, der seiner Angebeteten gesteht, daß er arm wie eine Kirchenmaus ist. Sie hat zwar noch einen anderen Freund, der sie mit teuren Geschenken überhäuft, ihr aber nicht zuhört und sich nicht wirklich für ihre Gefühle interessiert. Eine klassische Dreiecksbeziehung also, bei der der arme Boy nichts hat außer seiner tiefen Liebe und seinem Verständnis. Sein zärtlicher Liebesschwur hört sich bei den BSB so an: »But My Love Is All I Have To Give, Without You I Don´t Think I Can Live, I Wish, I Could Give The World To You..., But Love Is All I Have To Give.« («Meine Liebe ist alles, was ich geben kann, ich denke, daß ich ohne dich nicht leben kann, ich wünschte, ich könnte dir die Welt schenken, aber Liebe ist alles, was ich geben kann.«)

Und um nicht zu sehr von dem Song abzulenken, werden die Boys im Video, außer bei der Planschszene im Pool, ausschließlich in verschiedenen Outfits performen. Insgesamt fünf verschiedene Looks werden von den Boys vorgeführt. Beim ersten Take tragen Nick, Howie, Brian, Kevin und A.J. helle Anzüge und bunte Hemden, die sie einfach offenlassen. Nick und Brian haben sich Bandanas über den Kopf gezogen. Alle Jungs tragen außerdem Hüte, die man aus alten Ganovenfilmen kennt, sogenannte Borsalinos. Während die Backstreet Boys vor einem Hintergrund aus roten und grauen Vorhängen Aufstellung nehmen, gibt Fatima letzte Anweisungen: »Wir machen einen kompletten Durchgang. Bis zum zweiten Refrain tanzt ihr die verschiedenen Figuren, die wir einstudiert haben. Den Rest des Songs könnt ihr euch frei bewegen. Macht, was ihr wollt, Hauptsache es sieht gut aus!«

Alles klappt auf Anhieb wie am Schnürchen. Nur eine Szene will partout nicht gelingen. Die Jungs sollen den Hut vom Kopf nehmen, ihn auf die Ferse des rechten Fußes legen und dann mit einer geschickten Drehung nach vorne bringen, ihn anschließend aufnehmen und über den ausgestreckten Arm wieder auf den Kopf bugsieren. Obwohl Fatima die letzten Tage ausgiebig mit den Boys geprobt hat, fallen die Hüte nacheinander zu Boden wie faules Obst vom Baum. Der Trick ist selbst für Vollprofis wie die Backstreet Boys ziemlich schwierig. Schließlich klappt's und sieht dabei noch völlig lässig aus. »Das ist es!« schreit Fatima und sieht zu Nigel rüber. Auch er hebt den rechten Daumen nach oben. Die Szene ist im Kasten.

Die Jungs sind bereits ziemlich verschwitzt und müssen erneut in die Maske. Erst dann dürfen sie ins nächste Outfit schlüpfen. Nun tragen sie weiße T-Shirts, darüber bunte Hemden und helle Hosen. Diesmal performen sie in einer Art Showroom, der aussieht wie ein hochmoderner Klamottenladen. Hier gibt es Vitrinen, topmoderne Lampen und jede Menge Glas und Chrom. Die Boys stehen um ein silberfarbenes Mikrofon herum. »Band läuft!« ruft der Tonmann, und Nigel gibt das Zeichen dafür, daß jetzt auch seine Kamera läuft. Nach dem kurzen Intro ist Nick an der Reihe. Er singt die erste Strophe ganz gefühlvoll, bewegt sich unglaublich geschmeidig und schaut mit einem superromantischen Blick in die Kamera: »Ich weiß nicht, was er dir antut, daß du weinen mußt, aber ich bin hier, um dich zum Lachen zu bringen. Ich habe zwar kein tolles Auto. Aber um zu dir zu kommen, würde ich tausend Meilen laufen.« Nigel ist begeistert und läßt seine Videocam einfach weiterlaufen. Nun übernimmt Brian den zweiten Teil: »Mir ist es egal, wenn er dir schöne Dinge kauft. Kommen seine Geschenke denn vom Herzen? Ich weiß nicht, aber wenn du mein Mädchen wärst, dann würde ich dafür sorgen, daß wir niemals mehr getrennt wären.« Nigel fuchtelt hektisch mit seinen Armen, will sagen, daß die Jungs einfach weitermachen sollen. Sie stehen jetzt zu fünft ganz nah am Mikro und singen den ersten Refrain. Dann ist Loverboy Howie D. an der Reihe. Und der startet seinen Solopart gleich mit seinem typischen Lächeln und einem süßen Augenzwinkern, das seine Fans bei Liveauftritten sosehr an ihm lieben. Doch diesmal übertreibt es Howie ein wenig, und Nigel schreit »Cut!« Er ist der Meinung, daß es gerade eher aussah wie ein nervöses Augenleiden und nicht wie das Augenzwinkern eines unwiderstehlichen Verführers. Jetzt äffen ihn die anderen Boys nach, und Howie zieht beleidigt eine Schnute und schmollt.

Beim zweiten Durchgang klappt es schon viel besser, und Howie läßt den Songtext auf der Zunge zergehen wie ein Stück zartbittere Schokolade: »Wenn du was erzählst, ist es dann nicht so, als ob er dir nicht zuhört? Das ist schon okay, Baby, erzähl mir einfach deine Probleme. Ich werde versuchen, sie einfach wegzuküssen.« Bei der letzten Zeile macht Howie eine elegante Kußhandbewegung, die voll ins Schwarze trifft. Nigel ist begeistert und klatscht vor Freude in die Hände. Er stürzt auf den völlig verdutzten Howie zu und küßt ihn auf die Wange. Mit A.J. ist nun der vierte Leadsänger am Start. Er trägt eine gelbe Schiebermütze und legt sich mächtig ins Zeug: »Läßt er dich allein, wenn du ihn am nötigsten brauchst? Verbringt er seine ganze Zeit mit seinen Freunden? Baby, bitte, ich gehe auf die Knie und bete für den Tag, an dem du mein sein wirst!«

Kevin hat als einziger keinen Solopart bei »All I Have To Give«. Er sorgt für die Baßstimme bei den Harmony-Vocalparts und trägt's mit Fassung. Dafür steht er bei den Tanzszenen meist im Vordergrund. So wie bei der nächsten Einstellung. Die Boys performen in schwarzen Anzügen und grauen Hemden vor einem weißen Hintergrund. Brian und Nick tragen ein zusätzliches, schwarzes T-Shirt. Die anderen tanzen mit aufgeknöpftem Hemd und zeigen ihre muskulösen Oberkörper. Der Anblick von Kevs durchtrainiertem Body sorgt bei den anwesenden Damen wie immer für eine gewisse Unruhe.

Endlich ist es Zeit für eine kleine Pause. Und die Boys stürzen sich hungrig auf das Catering. Es gibt Pizza, Pasta, Minestrone, belegte Brote und Tiramisu. Nach dem Essen hat Nigel eine Überraschung für sie mitgebracht: den Rohschnitt vom Video zu »As Long As You

Love Me«. Die Dreharbeiten fanden vor einer Woche ebenfalls in Los Angeles statt. Die Jungs sind begeistert. Fünfmal muß Nigel das Band zurückspulen, bis auch der letzte sich daran sattgesehen hat.

»Okay, wir machen noch zwei Runs. Wir fangen mit den Lederjacken an, und dann drehen wir noch die Choreographie in den blauen Hemden«, schlägt Nigel vor. Die Boys stehen jetzt vor einem riesigen Fenster, das durch viele Stahlverstrebungen unterteilt ist. Draußen sind riesige Scheinwerfer aufgebaut worden, so daß das Fenster hell erleuchtet wird. Die Jungs sehen in ihren schwarzen Lederjacken und den schwarzen Jeans aus wie eine coole Ghetto-Gang. Unter den Jacken tragen sie Strickpullis mit Ringelmuster. A.J. hat sich eine Sonnenbrille und eine knallrote Schiebermütze aufgesetzt. Die Performance ist easy, reine Routine und schnell im Kasten.

Zum Schluß schlüpfen die Boys noch in hellblaue Seidenhemden und tanzen eine komplette Choreographie, ohne allerdings zu singen. Die tollen Tanzszenen werden hinterher geschickt zwischen die Vocalperformance geschnitten. Auf diese Weise bekommt das Video mehr Dynamik.

»Fertig, Jungs, ihr habt's geschafft! Jetzt verschwindet, ich kann euch nicht mehr sehen«, scherzt Nigel und drückt jeden Backstreet Boy noch mal liebevoll an seine Brust. Howies Mobiltelefon klingelt. Es ist Lou Pearlman. »Wow, wir sind Nummer zwei in den Charts«, schreit Howie begeistert. Die Jungs umarmen sich vor Freude. Sie packen ihre Sachen zusammen und wollen so schnell wie möglich in ihr Hotel.

»Heute wird gefeiert!« schlägt Kev vor und zwinkert den anderen Boys zu. Mit »Quit Playin' Games« gelingt den Jungs der erste Top-Hit in ihrer Heimat USA. Auf diesen Moment haben sie lange genug gewartet ...

Streit hinter den Kulissen: Die Backstreet Boys verklagen ihr Management

Am 12. Februar 1998 erschien in BRAVO, der auflagenstärksten Teeniezeitschrift der Welt, ein Artikel über die Backstreet Boys, der für jede Menge Aufregung sorgte und erstmals Einblick hinter die Kulissen des BSB-Imperiums gab. Neben der Meldung, daß sich Brian einer komplizierten Herzoperation unterziehen müsse, wurde auch die Kopie eines Klageantrags zwischen den Backstreet Boys, allen voran Brian Littrell, und dem BSB-Management abgedruckt. Diese Klageschrift wurde von Unbekannten entwendet und an die Nachrichten-Agentur WENN (WORLD ENTERTAINMENT NEWS NETWORK) verkauft, die sie wiederum ihrerseits zu Geld machte. Exklusiver Abnehmer war BRAVO. So reißerisch die Story war, so schlimm muß sie für die Fans gewesen sein. Denn nun stürzten sich auch andere Medien auf die Meldung, und am Ende der Woche war die Trennung der Backstreet Boys eigentlich schon beschlossene Sache, wenn man den Meldungen Glauben schenken durfte. Louis Pearlman erfuhr noch am selben Tag von dem BRAVO-Artikel und traf sich sofort mit Donna und Johnny Wright. Als einzigen Backstreet Boy konnte er Kevin über sein Mobiltelefon erreichen, der vor Wut schäumte und seinerseits seinen Anwalt von dem Vorfall verständigte. Von der Klageschrift wußten ja alle Beteiligten. Dem Management wie auch jedem Backstreet Boy lag eine Abschrift vor. Dieses Dokument war geheim und hätte niemals den Weg an die Öffentlichkeit finden dürfen. Zu spät! Die Rakete war gezündet und mit unbekannter Zerstörungskraft auf Kurs gegangen. Ihr Ziel: das Ansehen der Backstreet Boys zu zerstören! Die Fans reagierten irritiert und ängstlich. Auf der einen Seite ein schwerkranker Brian, auf der anderen Seite ein häßlicher Streit ums Geld. Die heile Welt der fünf Freunde, die durch dick und dünn gehen, der feste Glaube an das tolle Management und an ihren Entdecker, Förderer und Finanzier, den sie liebevoll »Big Daddy« nennen, geriet ins Wanken. Hat Louis Pearlman die Backstreet Boys mit fiesen Verträgen über den Tisch gezogen? Wurden die Fans jahrelang verschaukelt, und hatte man es nur auf ihren Geldbeutel abgesehen?

Als sicher gilt, daß Brian im Namen der Backstreet Boys Ende 1997 seinen Anwalt James Bowman beauftragte, eine Klage gegen das Management und deren Firmen einzuleiten. Sie ging unter dem Aktenzeichen CI97-816333 im Ninth Judicial Circuit Court In And For Orange County, Florida, ein. Verklagt werden Louis Pearlman und die Firmen Backstreet Management, Inc., Transcontinental Records, Inc., Backstreet Boys, Inc. und Backstreet Production, Inc. Den genannten Firmen steht Louis Pearlman vor. Der Entdecker der Backstreet Boys soll seine Schützlinge zu Vertragsabschlüssen gedrängt haben, die nicht rechtens waren und so seine Aufsichtspflicht als Manager verletzt haben. Nick, Howie, Brian, Kevin und A.J. haben mit allen vier Firmen einen Vertrag, bei den letzteren beiden sind sie sogar Teilhaber. Außerdem gewährte Louis laut Anklageschrift den Backstreet Boys ein Darlehen von drei Millionen Dollar, das die Boys mit einer Verzinsung von 43 Prozent zurückzahlen sollten. Wenn man das umrechnet, hätten die Jungs ungefähr 7,7 Millionen Mark Schulden bei ihrem »Big Daddy«.

Der bestreitet den Inhalt der Klageschrift vehement. Schon wenige Stunden nach Bekanntwerden des Dokuments veröffentlicht Backstreet/Wright Stuff Management, Inc. ein offizielles Statement:

1. Die Backstreet Boys sind eine Familie, die die fünf Boys, ihre Manager Lou Pearlman, Johnny Wright und Donna Wright mit einschließt.
2. Wegen des großen Erfolges der Backstreet Boys werden Teile der Verträge neu bearbeitet, was in der Plattenindustrie völlig normal ist.
3. Alle Berichte, in denen behauptet wird, daß Mr. Pearlman 43 Prozent des Darlehens an die Backstreet Boys als Zins verlangt, sind definitiv falsch.
4. Alle Berichte, in denen unterstellt wird, daß die Verträge zwischen den Backstreet Boys und ihrem Management ungültig oder illegal sind, sind ebenfalls unwahr.
5. Keiner der Boys plant in der nächsten Zeit eine Solokarriere.
6. Weder die Boys noch ihr Management wurden vorher über die Herausgabe dieser falschen Informationen benachrichtigt.
7. Alle obenstehenden Tatsachen werden im Laufe der nächsten Zeit offiziell bewiesen werden. Als weltweit erfolgreichste Band stehen sich die Backstreet Boys näher als je zuvor. Wir hoffen, daß wir durch diese Erklärung alle Gerüchte ausgeräumt haben.

Diese Erklärung stammt vom Februar '98. Mittlerweile ist viel passiert. Die Manager Donna und Johnny Wright wurden ihrer Pflichten enthoben. Louis Pearlman ist somit einziger Manager. Er hat einen Vertrag mit den Boys, der ihm den Status des sechsten Backstreet Boys garantiert. Für sein anfängliches Darlehen von drei Millionen Dollar wird ihm von allen Einkünften ein Anteil von 43 Prozent garantiert. Mittlerweile hat er mit jedem Backstreet Boy Soloverträge abgeschlossen. Die Anwälte beider Parteien arbeiten aber auch an einer Neufassung des alten Backstreet-Boys-Vertrags, der zugunsten der Boys ausfallen soll. Von Trennung war und ist nie die Rede gewesen. »Die Feinheiten der Verträge arbeiten die Anwälte aus. Louis ist immer noch unser Big Papa, und wir vergessen nicht, was wir ihm zu verdanken haben«, bestätigte Kevin das »gute Klima« im BSB-Headquarter vor kurzem in einem Interview. Und auch Louis Pearlman bekam kürzlich eine interessante Frage von einer Journalistin in New York gestellt: »Was wäre eigentlich aus ihren drei Millionen Dollar geworden, wenn die Backstreet Boys gefloppt wären?« Darauf meinte Lou: »Das Geld wäre weg gewesen. Ich bin ein volles Risiko eingegangen und hatte Glück.«

Backstreet´s back on stage

1. Die Feuerprobe für die US-Tour findet in Orlando statt

Nick hat den Arm um Brian gelegt, der den Kragen seines T-Shirts nach unten zieht, so daß die etwa fünfzehn Zentimeter lange Narbe auf seinem Brustkorb zum Vorschein kommt. »Wahnsinn, die ist aber ganz schön lang! Tut´s noch weh?« erkundigt sich Nick besorgt. »Eigentlich nicht. Manchmal juckt´s wie verrückt. Ein gutes Zeichen für den Heilungsprozess«, erklärt Brian. Nun taucht A.J. auf. Auch er will die Narbe sehen. A.J. ist erstaunt, wie dünn Brian geworden ist. Seine Herzoperation ist jetzt fast zwei Monate her. Aber dem süßen Blondschopf mit der glasklaren Soulstimme fehlen immer noch fünf Kilo zu seinem ursprünglichen Gewicht.

Die Boys stehen im Backstagebereich der kleinen Halle von Seaworld in Orlando und sind sichtlich nervös. Howie hat sogar schon einen neugierigen Blick durch den Vorhang geworfen. Er weiß, wenn die Boys in ihrer Heimatstadt auftreten, dann kommen außer den Fans auch jede Menge Freunde, Verwandte und Bekannte.

Howie sieht blendend aus, richtig braungebrannt. Erst vor einer Woche ist er von seinem Kurzurlaub aus Brasilien und Mexiko zurückgekehrt. Genau wie A.J. hat er sich ein ziemlich cooles Trend-Bärtchen stehen lassen.

Nun tänzelt auch Kevin vorbei. Der älteste Backstreet Boy hört Walkman und versucht sich als Breakdancer. Seine witzige Einlage löst bei den anderen vier Jungs hysterisches Lachen aus. Die Boys sind ziemlich stolz auf Kevin, ja sogar ein bißchen neidisch. Im Juni gab Kev sein Debüt als Männer-Model. In Mailand lief er zusammen mit einem Dutzend anderer Top-Models für die nagelneue »Versace«-Sommerkollektion 1999 über den Laufsteg. Die Fotos und das Videotape von seinem Catwalk-Debüt haben die anderen Boys mächtig beeindruckt. Und Kev hat seine Sache richtig professionell gemacht. »In der Modebranche in Mailand kennt man die Backstreet Boys zwar, aber nicht wirklich gut. Am Anfang haben die auch gar nicht gecheckt, daß ich einer der BSB bin. Da saßen nur Leute von den angesagten Modemagazinen wie ›Vogue‹ im Publikum. Ich bekam Szenenapplaus. Nicht weil ich ein Backstreet Boy bin, sondern weil ich ihnen gefallen habe«, schwärmt Kev von seiner Zeit in Mailand.

Den Job bekam er über einen Freund, der ebenfalls modelt. Zwei Wochen ließ er sich's in der italienischen Modemetropole mal so richtig gutgehen. Das Essen, die Girls, einfach die ganze Lebensart des »Dolcefarniente«, des »süßen Nichtstuns«, begeisterte den gebürtigen Kentucky-Boy. Im nächsten Jahr, wenn die Boys eine längere Pause einlegen werden, will Kev vielleicht sogar für einige Monate nach Italien ziehen. »Ich habe einige Modelangebote. Es ist zwar nur ein Hobby, aber ich kann sehr leicht sehr viel Geld verdienen. Den Rest der Zeit will ich Songs für mein Soloalbum komponieren. Italien ist sehr inspirierend«, verrät der 1,90-Meter-Boy mit dem durchtrainierten Traumbody.

»Jungs, in einer halben Stunde ist Stagetime. Also macht euch fertig!« ruft die BSB-Tourmanagerin Nina und reißt die Boys, die mit großen Augen an Kevs Lippen hängen und alle Geschichten von seinem Italo-Trip begeistert aufsaugen, aus ihren »italienischen Träumen«.

Nick, Howie, Kevin, Brian und A.J. ziehen sich um.

Extra für die US-Tour haben sich die Boys nagelneue Outfits zugelegt. Sie sind aus atmungsaktivem Polyester. So kommen sie selbst bei den akrobatischen Tanzeinlagen nicht noch zusätzlich ins Schwitzen. Für die Show in Orlando haben sie sogar einige geplanteTourproben platzen lassen. Orlando stand eigentlich nicht auf dem Tourplan. Aber die Boys wollten unbedingt in Seaworld auftreten. Erstens sind sie das ihrer Heimatstadt Orlando schuldig, und zweitens haben die Backstreet Boys genau an dieser Stelle vor etwa vier Jahren zum erstenmal auf einer Bühne gestanden. Damals sangen sie A-cappella-Versionen der Hits ihrer großen Vorbilder Boys II Men oder Shy. Das erklärt auch, warum sie ihr Debüt in einer vergleichsweise kleinen Halle geben. Auf der restlichen Tour liegt das durchschnittliche Fassungsvermögen der Hallen bei 15.000 Fans. Kein Wunder, die Boys haben in den USA weit über sechs Millionen Alben verkauft und gehören zum kleinen Zirkel der top-selling Superstars. Nach der Tour hoffen sie, die magische 7-Millionen-Schallmauer zu durchbrechen. Hier in Seaworld finden gerade mal 2.500 Fans einen Platz. Die meisten Tickets gingen gar nicht in den freien Verkauf, sondern wurden über den US-Fanclub der BSB an seine Mitglieder verteilt.

Jetzt sind es noch fünf Minuten bis zum Startschuß des ersten BSB-Konzerts seit zwei Monaten. Brian hat die Hosen voll. Er ist zwar guter Dinge, aber bei weitem noch nicht wieder der alte. Hoffentlich wird seine Kondition für die 100-Minuten-Powershow ausreichen. Der Ablauf und die Choreographien sind im Prinzip identisch mit der Show, die in Deutschland bei den 97er Open-air-Shows zu sehen war. Die Jungs beten nun gemeinsam mit ihrer Crew. Anschließend klopfen sie Brian aufmunternd auf die Schulter. Es wird ein Zeichen vereinbart, falls Brian die Luft ausgeht. Gleich hinter der Bühne ist ein Arzt mit einem Sauerstoffgerät. Man kann ja nie wissen.

Während sich über dem Seaworldgelände nun ein ziemliches Gewitter entlädt und dicke Regentropfen vom Himmel auf die Halle prasseln, fällt auf der Bühne der Vorhang. »It´s Showtime!« schreit A.J. ins Mikrofon und rennt wie von der Tarantel gestochen auf das Publikum zu. In der ersten Reihe stehen fast ausschließlich Freunde, Verwandte und Mitarbeiter des BSB-Clans, die ihre Jungs begeistert anfeuern. Schon bei den ersten Takten von »That´s The Way I Like It« geht das Publikum begeistert mit. Die meisten Augenpaare sind auf Brian gerichtet. Doch der wieselflinke Blondschopf, der an diesem Abend eine rote Baseball-Kappe trägt, absolviert die erste Bühnen-Choreographie leichtfüßig und gutgelaunt. Den anderen Boys fällt ein Stein vom Herzen, und nach dem Show-Opener ist viel von der anfänglichen Nervosität verflogen.

Nun geht Nick an den Bühnenrand, und die Girls in der Halle stimmen ein regelrechtes Kreischkonzert für den beliebtesten Backstreet Boy an. Mit seiner nagelneuen Frisur wirkt Nick viel jünger und sogar ein bißchen verwegen. Er trägt jetzt wieder einen kurzen Popperschnitt. Der Vorteil: Er kann auf der Bühne Vollgas geben, ohne daß ihm ständig irgendwelche Haarsträhnen ins Gesicht fallen. Der Urlaub zu Hause in Tampa hat ihm sichtlich gutgetan. Sein leicht gebräunter Teint steht ihm wirklich gut. Nick wirkt prima erholt. Er kann kaum ein Wort sagen, ohne daß die Girls sofort begeistert dazwischenkreischen. Gleichzeitig fliegen jede Menge Stofftiere und Liebesbriefe auf die Bühne. Nick begrüßt das Publikum schließlich: »Wow, ihr seid ja super drauf! Dieser Auftritt ist etwas ganz Besonderes. Hier haben wir nämlich vor vier Jahren angefangen. Damals waren wir noch eine reine Vocal-Group. Damit ihr einen Eindruck davon bekommt, wie das früher geklungen hat, singen wir jetzt für euch einen unserer Lieblingssongs.« Die Rede ist von dem Song »If I Ever Fall In Love Again« von der US-Band Shy. Während Nick seine kleine Ansprache gehalten hat, haben flinke Roadies fünf Barhocker auf die Bühne gestellt, auf denen die Boys jetzt Platz nehmen. Ganz behutsam lassen sie ihren fünfstimmigen Harmoniegesang zu voller Lautstärke anschwellen. Jeder Boy hat seinen Solopart, der jedesmal wieder in dem gemeinsam gesungenen Refrain gipfelt. Im Publikum ist es mucksmäuschenstill. Auch die besonders hysterischen Girls in der ersten Reihe staunen über die Vokal-Akrobatik der fünf Florida-Boys. Nach dem Song werden die Jungs mit stürmischem Applaus überschüttet.

Während die BSB-Band nun eine soulige Einlage spielt, verlassen alle fünf Backstreet Boys die Bühne. Nach einigen Minuten kehrt A.J. zurück. Er trägt einen schneeweißen Anzug, einen roten Plüschhut und, passend dazu, rote Schuhe. Mit einem Silberknauf-Gehstock bewaffnet, schlendert er lässig zum Bühnenrand. Er zieht seine Brille etwas nach unten und mustert die Girls in der ersten Reihe. »Nimm mich!« schreit eines der Girls ekstatisch. Doch A.J. spielt den »Mr. Supercool« perfekt und tut so, als ignoriere er die aufdringlichen Angebote einfach. Dann greift er zum Mikrofon und dreht seinen Gehstock gekonnt durch die Finger seiner linken Hand. Mit »Hey Mr. DJ« heizt A.J. seinen Fans mächtig ein. Dabei turnt er wie wild über die Bühne und sprintet mit einem Affenzahn vom einen Bühnenende zum anderen. Auf einmal taucht Nick auf. Er rennt einmal quer über die Bühne und liefert sich mit A.J. ein atemberaubendes Verfolgungsrennen. Dann nimmt er Anlauf und schlägt einen Salto. Das Publikum tobt. So ausgelassen hat man die Boys schon lange nicht mehr gesehen.

Jetzt wird das Licht gedämpfter und die Musik softer. Es ist Zeit für »Mr. Loverboy«. Ein Scheinwerfer geht an und huscht mit seinem Lichtkegel suchend über die Bühne. Und da steht er endlich: Howie D. höchstpersönlich. Auch er hat einen Solopart und singt einen seiner Lieblingssongs, »My Heart Stays With You«. Howie trägt eine schwarze Hose und ein schwarzes Hemd, das bis zum Bauchnabel aufgeknöpft ist. Er hält einen riesigen Strauß Rosen im Arm, den er regelrecht umarmt. Sein Headset-Mikrofon, das am Kopf angebracht ist, läßt ihm die Freiheit, mit seinen Händen tun zu können, was er will. Während er die ersten Zeilen singt, verläßt er die Bühne und geht auf die kreischenden Girls zu. Das erste Mädchen, dem er eine Rose schenkt und ein Küßchen auf die Wange drückt, fällt vor Glück fast in Ohnmacht. Das zweite Girl umarmt Howie wild und umklammert ihn so fest, daß ein Bodyguard die beiden trennen muß. Ein anderes Mädchen bekommt einen regelrechten Heulkrampf, als Howie ihr eine seiner roten Rosen überreicht. Nachdem auch die letzte Rose verteilt ist, kehrt der singende Herzensbrecher wieder auf die Bühne zurück und verneigt sich am Ende des Songs vor seinem Publikum.

Jetzt geht es Schlag auf Schlag. Als nächster ist Kevin an der Reihe. Er trägt ein knallenges schwarzes Outfit und sieht darin wirklich atemberaubend sexy aus. Mit »Nobody But You« kommt wieder Stimmung auf, und die Girls in der ersten Reihe tanzen mit. Auch Kev springt in den Graben zwischen Bühne und Publikum, schüttelt Hände, verteilt Küßchen und animiert seine Fans zum Tanzen. Als Kevin im hinteren Teil der Bühne verschwindet, wird es in der Halle dunkel.

Durch den tosenden Applaus dringt leise der Klang von Gitarrensaiten. Dann wird die Bühne in ein wunderschönes blaues Licht getaucht. Auf einem Hocker sitzt Brian mit seiner Gitarre und zupft die Akkorde seines selbstkomponierten Songs »That´s What She Said«. Extra für diesen Abend hat er eine ganz intime Version einstudiert. Spielt er den Song normalerweise mit der ganzen BSB-Band, so verzichtet er heute auf die Unterstützung. Nur sein Gesang, sein Gitarrenspiel und ein wenig Schmuse-Geigen aus dem Keyboard sind zu hören. Das Publikum verwandelt sich im Nu in ein Meer aus tausend Lichtern. Brian singt seine Liebesballade mit glasklarer Stimme, legt sich so ins Zeug, daß es einem kalt den Rücken hinunterläuft. »Wenn er singt, dann glaubt man, die Zeit bleibt stehen«, hat Kev einmal über seinen Cousin gesagt. Wie recht er doch hat! Beim Schlußakkord feiern die 2.500 Fans Brian mit lauten Sprechchören. Einer fehlt aber noch. Richtig! Das Beste kommt noch. Nun betritt Nick die Bühne. Auch er hat sich umgezogen, trägt eine weiße Hose und ein weißes Hemd. Seine Haare sind streng nach hinten gekämmt. Er nimmt das Mikrofon in beide Hände und hebt zu der Rock-Ballade »I Need You Tonight« an. Auch Nick gibt alles. Seine Halsadern schwellen beim Singen so bedrohlich an, als würden sie im nächsten Moment platzen. Der Song handelt von Sehnsucht und tiefem Verlangen. Kein Wunder, daß sich jedes Girl wünscht, diejenige zu sein, für die Nick den romantischen Song singt. Viele haben die Augen geschlossen und träumen sich wohl gerade mit Nick auf eine einsame Insel.

Doch mit einem harten Beat werden die Fans abrupt aus ihren Träumen gerissen. Alle fünf Backstreet Boys haben sich nun wieder auf der Bühne versammelt, tanzen nach einer atemberaubenden Choreographie und singen, unterstützt von den 2.500 Fans, den Chorus von »Let´s Have A Party«. Im Handumdrehen ist eine riesige Fete im Gange, und die Fans feiern begeistert mit. Orlando jubelt seinen erfolgreichsten Söhnen zu.

Nach dem Song sagt Howie feierlich den bisher erfolgreichsten Song der Backstreet Boys an: »Diesen Song haben weit über zwei Millionen Leute gekauft. Allein in den USA waren wir wochenlang auf Platz zwei der Charts. Ladies, aufgepaßt, jetzt kommt B-Roks Lieblingssong! Und er meint, was er singt, wirklich ernst.« Die Band spielt die ersten Takte von »Quit Playin´ Games«. Leider jammen die Jungs so falsch drauflos, daß man Schwierigkeiten hat, den Song zu erkennen. Nick ergreift die Initiative: »Hört auf damit! Was ist in euch gefahren? Wollt ihr, daß die Katzen der ganzen Nachbarschaft zusammenlaufen?« Die BSB-Band probiert´s noch mal. Doch sie verspielen sich fast noch doller als beim ersten Mal. »Stop! Aufhören! Ihr Stümper, verschwindet!« schreit Brian jetzt. Die Boys der Band verschwinden beleidigt hinter der Bühne. »Was machen wir jetzt?« fragt Nick. A.J. schnappt sich den Baß. Kev setzt sich hinter die Keyboards. Howie schnallt sich die Gitarre um. Brian trommelt auf den Percussion-Instrumenten herum und meint: »Setz dich ans Schlagzeug! Wir spielen den Song einfach selbst!« Gesagt, getan. Den Gag brachten die Boys schon auf ihrer Open-air-Tour im August ´97. Allerdings mit einem Unterschied: Was damals noch ein wenig unprofessionell klang, kann sich mittlerweile hören lassen. Die Backstreet Boys haben den Song in der Zwischenzeit gut drauf, und das Publikum in Orlando staunt nicht schlecht. Mit geschickten Breaks setzen die Boys genau an der richtigen Stelle aus, so daß nur das Publikum »Quit Playin´ Games With My Heart« singt und jede Menge Spaß daran hat. Die Mitglieder der Band kommen eines nach dem anderen wieder auf die Bühne und übernehmen ihre Instrumente und rocken zum Finale noch mal richtig und ohne Fehler los.

Mit »All I Have To Give«, »Anywhere For You« und schließlich »I´ll Never Break Your Heart« performen Nick & Co. drei Schmusesongs ohne Pause. Das Publikum hat ein wenig Zeit zum Verschnaufen. Beim letzten der drei Songs holen Nick, Kevin und Howie drei Girls aus dem Publikum auf die Bühne. Sie dürfen auf drei Stühlen Platz nehmen und später sogar mit den Jungs ein Tänzchen wagen. Diese Showeinlage hat fast schon Tradition bei den BSB-Shows, sie wird auf der US-Tour zum letzten Mal zelebriert und mit Sicherheit nach der Tour ausrangiert. Aber keine Sorge, dafür lassen sich die Backstreet Boys für die bevorstehende Welttour ganz bestimmt einige neue Gags einfallen, bei denen wieder einige glückliche Girls ihren Lieblingen ganz nah sein können.

Nachdem die drei Girls von den Bodyguards der Backstreet Boys wieder in die Arena begleitet worden sind, nehmen Nick, Howie, Brian, Kevin und A.J. breitbeinig und mit gesenktem Kopf Aufstellung. Mit den ersten Takten von »Get Down« verwandeln sich die fünf in wahre Tanzteufel. Jeder Schritt der Choreographie sitzt. Mehr noch – es sieht einfach kinderleicht aus, was die Boys da auf der Bühne abziehen. Jeder, der mal probiert hat, gleichzeitig zu tanzen und zu singen, der weiß, was die Jungs für eine Kraft haben müssen. Besonders Brian. Acht Wochen nach seiner schweren Herz-OP leistet er wahre Schwerstarbeit. Die Boys gönnen ihren Fans keine Verschnaufpause mehr. Nach »Get Down« folgen mit »Boys Will Be Boys« und »Everybody (Backstreet's Back)« gleich zwei Uptempo-Knaller. Glücklich und total erschöpft verneigen sich die Backstreet Boys vor einem erstklassigen Publikum. Im Backstagebereich dreht sich anschließend alles um Brian. Die anderen Jungs schreien durcheinander. »Wie geht's dir? Schaffst du die Zugabe noch? Willst du was trinken?« donnern die Fragen auf B-Rok ein. Er winkt ab: »Ich bin okay – nur ein bißchen aus der Puste. Ich schaffe das schon!« In der Halle fordern die 2.500 lautstark eine Zugabe. Die Boys stürmen zurück auf die Bühne und rocken mit ihrem allerersten Hit noch einmal los, daß sich die Balken biegen.

Mit »We´ve Got It Goin´On« schafften sie 1995 den Sprung in die deutschen Charts. Und für über 250.000 verkaufte Singles erhielten die Backstreet Boys in München die allererste goldene CD ihrer Karriere. Dieser Song, mit dem ihre kometenhafte Karriere startete, stammt aus der Feder von Deniz PoP. Der schwedische Komponist und Produzent saß für einige Hits der Backstreet Boys hinter dem Mischpult. Im späteren Verlauf der Tour erreicht die Boys die Nachricht, daß Deniz nach langer Krankheit an den Folgen eines schweren Krebsleidens in Stockholm verstorben ist. Als sie von seinem Tod erfahren, widmen sie »We´ve Got It Goin´ On« und die komplette Show ihrem toten Freund und Förderer. Bei der Gedenkminute während der Show haben Nick, Howie, Brian, Kevin und A.J. Tränen in den Augen.

2. Nick verleiht Aaron eine Goldmedaille

Im Bus der Familie Carter herrscht eine tolle Stimmung. Nick hat sich entschieden, die Fahrt nach Los Angeles im Tourbus seines kleinen Bruders zu verbringen. Aaron tritt im Vorprogramm der 70tägigen BSB-Tour auf und reist im eigenen Bus mit seinem Gefolge. Außer ihm sind seine Tänzer, seine Mutter Jane, sein Vater Bob und seine Lehrerin Mary mit an Bord. Und nun auch fast 500 Kilometer lang sein großer Bruder Nick. Während Jane, Bob und Mary Karten spielen, erklärt Nick seinem Bruder die Fahrtroute. Anschließend probieren die beiden ein nagelneues Videogame aus. Kurz vor L.A. ziehen sich Nick und Jane in den hinteren Teil des Busses zurück und betrachten die Goldmedaille, die aus England geschickt wurde. Und die soll noch für eine ziemliche Überraschung sorgen…

174

Am selben Abend kurz nach acht Uhr steht Aaron mit seinen Tänzern Keith und Daryll auf der Bühne und performt »Crush On You«, den ersten Song seines 15minütigen Auftritts. Von Polizeisirenen begleitet nimmt Aaron gerade Anlauf und schlägt einen Salto. Als er zum Stehen kommt, traut er seinen Augen nicht. Denn plötzlich steht Nick vor ihm auf der Bühne. Die 12.000 Fans im Universal Amphitheater kreischen minutenlang. Nick bittet darum, die Musik auszumachen. Aaron sitzt immer noch völlig verdutzt auf seinem Hosenboden und fragt sich, was das alles eigentlich soll. Dann zieht Nick etwas hinter seinem Rücken hervor: die Goldmedaille. »Ich habe heute abend die große Ehre, meinen kleinen Bruder auszuzeichnen«, erklärt Nick dem Publikum und natürlich auch Aaron. »Er ist der jüngste Sänger der Welt, der es mit vier Singles hintereinander in die britischen Top Ten geschafft hat. Dafür wurde er heute ins Guinness Buch der Rekorde aufgenommen. Herzlichen Glückwunsch, Aaron!« schreit Nick begeistert. Die 12.000 Fans in der Halle gratulieren Aaron ebenfalls mit einem tosenden Applaus. Nun legt ihm Nick die Goldmedaille, die an einem goldenen Band hängt, um, hebt seinen Bruder hoch und drückt ihn an sich. Aaron ist sprachlos. Er braucht einige Minuten, bis er sich gefangen hat. Dann bedankt er sich bei seinen Fans, bei Nick, bei seinen Eltern und überhaupt allen, die an seinem Erfolg maßgeblich beteiligt sind. Mit seiner nagelneuen Auszeichnung um den Hals, setzt er seine Show fort. Als er in dieser Nacht in seine Schlafkoje im Tourbus kriecht, hängt die Medaille immer noch um seinen Hals, und der zehnjährige Blondschopf schläft in dem Bewußtsein ein, daß er einer der jüngsten Rekordhalter der Welt ist.

3. Die Backstreet Boys gewinnen
den MTV Video Music Award

Während ihrer Tour durch die USA und Kanada wird Nick, Brian, Howie, Kevin und A.J. eine ganz besondere Ehre zuteil. Die Backstreet Boys werden vom US-Videokanal MTV eingeladen, Anfang September bei den diesjährigen MTV Video Music Awards im Universal Amphitheatre in Los Angeles aufzutreten. Damit nicht genug: Ihr »Everybody (Backstreet´s Back)«-Videoclip ist sogar in der Kategorie »Best Group Video« nominiert.

»Letztes Jahr durften wir einen Award überreichen. Das war schon richtig toll. Aber in diesem Jahr wird es auch für uns sehr spannend«, verrät Howie einem Journalisten im Backstagebereich der MTV-Veranstaltung.

Brian, Nick und A.J. kommen aufgeregt angerannt. »Weißt du, wen wir gerade getroffen haben? Lenny Kravitz und Madonna. Sie meinten, daß wir echt coole Musik machen. Die beiden drücken uns die Daumen«, erzählt Nick. Nun ist auch Kev bei den anderen Jungs. »Hier wimmelt es von Popstars. Ich habe Mariah Carey auf dem Weg von unserer Garderobe hierher getroffen. Sie war total nett. Sie will uns später mal treffen. Ist das nicht cool?« freut sich Kev.

Obwohl die Backstreet Boys in den vielen Talkshows, in denen sie schon aufgetreten sind, eine ganze Menge Stars kennengelernt haben, gibt es immer noch einige Kandidaten auf ihrer ganz persönlichen Wunschliste. Rockfan Nick freut sich auf ein Wiedersehen mit den Oldie-Rockern von Aerosmith, die er schon im letzten Jahr bei den MTV Video Music Awards kennengelernt hat. A.J. hat bei den Proben Will Smith und seine Frau Jada kennengelernt. Basketballfan Brian hat bereits eine gemeinsame Fotosession mit dem über zwei Meter großen Shaquille O´Neil hinter sich.

Die Boys haben sich für die Gala des größten Musiksenders der Welt richtig chic gemacht. Nick, A.J. (beide mit Brille) und Howie sind ganz in Schwarz gekleidet. Kevin trägt einen silbernen Kurzmantel und Brian einen grauen Anzug mit Krawatte. Leider wirkt B-Rok in seinem Outfit wie ein Bankangestellter. Gutgelaunt nehmen die Boys in der achten Reihe Platz. Mit dabei: Ex-Manager Johnny Wright und Tourmanagerin Nina Buetti. BSB-Entdecker Louis Pearlman sollte schon längst dasein. Er verspätet sich aber.

Um punkt acht Uhr beginnt die Show. Auf der Bühne gibt sich das »Who Is Who« der US-Musikszene die Klinke in die Hand. Whitney Houston tritt gemeinsam mit Mariah Carey auf. Lenny Kravitz spielt bei Madonnas Song »Ray Of Light« Gitarre. Will Smith stürmt gemeinsam mit seinem Sohn die Bühne, um sich seinen Award abzuholen. Schließlich steht Jada Pinkett, die Gattin von Will Smith, zusammen mit dem Soulsänger Maxwell auf der Bühne, um den Award in der Kategorie »Best Group Video« zu überreichen. In der achten Reihe herrscht jetzt totale Nervosität. Die Backstreet Boys fassen sich an den Händen. Nick und Howie rutschen nervös auf ihren Stühlen hin und her. Kevin drückt die Daumen. Neben den Jungs sind noch The Verve, Radio Head und Garbage nominiert. Nach dem Kurzdurchlauf der entsprechenden Videos öffnet Jada den Umschlag und ruft: »The winners are the Backstreet Boys!«

Jetzt hält es die Boys nicht mehr auf ihren Plätzen. Sie springen jubelnd auf und fallen sich gegenseitig in die Arme. A.J. macht sich mit einem Schrei Luft und ballt die Fäuste wie Boris Becker in seinen besten Tagen. »Los, Leute, geht auf die Bühne«, meint Johnny und deutet nach vorne, wo die Awards schon bereitstehen.Brian läuft als erster los, gefolgt von Howie. Dann kommt auch schon A.J. , der im Vorbeigehen noch schnell Puff Daddy per Handschlag begrüßt. Kevin und Nick bilden die Nachhut. Sie winken dem Publikum zu, das ihnen begeistert zujubelt.

Brian tritt als erster ans Rednerpult, dankt Gott und seiner Familie zu Hause in Kentucky, schnappt sich seinen Award und verdrückt sich schnell in den Hintergrund. Dann ist Howie an der Reihe. Er dankt dem BSB-Management, den Plattenfirmen Transcon. Records, Jive und BMG. Bei A.J.s Rede schlägt die Stimmung schlagartig in Betroffenheit um. A.J. erklärt dem Publikum, daß er einen Mann nicht vergessen möchte: »Deniz PoP hat diesen Song geschrieben. Er starb kürzlich nach langer Krankheit. Ich möchte dir diesen Award widmen. Ich hoffe, du siehst uns jetzt von da oben und bist stolz auf uns. Wir lieben dich.« Dabei sieht A.J. nach oben und reckt seine Hand, in der er den Award hält, in Richtung Himmel.

Auch die anderen Boys sind sichtlich betroffen. Kev fängt sich als erster und tritt seinerseits ans Rednerpult: »Ich möchte zwei Menschen nicht vergessen, ohne die wir nicht hier oben stünden: Mr. Joseph Khan, den Regisseur des Clips und unsere Choreographin Fatima Robinson. Ich danke euch beiden im Namen der Backstreet Boys.« Last, but not least, ist Nick an der Reihe. Der Mädchenliebling ist mal wieder ganz »Charming Boy« und dankt seinen Fans und MTV, ohne die, wie er ganz richtig feststellt, die Backstreet Boys es in den USA niemals geschafft hätten.

Die Boys verlassen mit ihren Awards die Bühne durch einen Hinterausgang, wo schon ihre Bodyguards, Johnny, Nina, A.J.s Mum Denise und ihr Entdecker Louis Pearlman auf sie warten. Louis' Flugzeug hatte Verspätung. Aber jetzt ist er endlich da und drückt jeden Backstreet Boy ganz fest und gratuliert von ganzem Herzen: »Als ich euch da oben auf der Bühne sah, mußte ich heulen. Da wußte ich, ihr habt es geschafft. Auf diesen Moment habe ich all die Jahre gewartet.«

Dann müssen die Jungs schon wieder los. In ihrer Garderobe ziehen sie sich für ihren Auftritt um, der in etwa einer halben Stunde stattfinden soll. A.J. wählt ein ärmelloses T-Shirt mit einem Totenkopf-Motiv. Howie entscheidet sich für eine weiße Hose und eine rote Samtweste. Nick schlüpft in ein braunes Outfit mit Weste und gestreiftem Hemd. Kevin spielt »Man in black« und wählt Hose, Hemd und Weste in Schwarz aus. Brian hat's momentan anscheinend mit den Krawatten. Er trägt ein blaues Hemd, eine schwarze Weste und eine weitere Krawatte aus seiner Sammlung.

Auf der Bühne werden die Jungs bei den Tanzszenen von sechs Mädchen unterstützt. Ihre Sechseinhalb-Minuten-Show ist live. In den USA ist das übrigens ein Muß für jeden TV-Auftritt. Die Musik darf vom Band kommen, aber der Gesang muß echt sein. Sonst läuft nichts.

Vor der Bühne haben sich viele Leute versammelt und grooven bei der Show der Backstreet Boys voll mit. Auch in den hinteren Reihen, wo die VIPs wie Madonna, Whitney Houston, Aerosmith und Puff Daddy sitzen, wird jetzt getanzt. Für ihren tollen Auftritt bekommen die Boys am Ende sogar Standing Ovations. Auf der Aftershow-Party sind sie gleichermaßen von Journalisten, Stars und den Machern von MTV umringt. Auf die Frage, was er sich denn jetzt noch wünsche, nachdem die Backstreet Boys schon soviel erreicht haben, sagt Kevin einem Journalisten: »Daß wir gesund bleiben und noch lange als Band weiterarbeiten können. Das war erst der Anfang. Das Beste kommt noch!«

Zwei Tage, nachdem die Backstreet Boys mit ihrer ersten großen Pop-Trophäe in der eigenen Heimat USA ausgezeichnet werden, trifft bei Howie eine Schreckensmeldung ein, vor der er sich schon seit Monaten fürchtet.

Die Nachricht vom Tod seiner 37jährigen Schwester Caroline erreicht ihn on tour in der US-Stadt Allegan. Die BSB sagen das Konzert in Minneapolis, das am darauffolgenden Tag stattfinden soll, ab. Howie nimmt den nächsten Flieger nach Orlando, wo seine Eltern und seine Geschwister zusammen mit der Familie von Caroline – sie hinterläßt ihren Ehemann und zwei Kinder – trauern. Caroline litt seit geraumer Zeit an einer seltenen Blutkrankheit. Die Ärzte hatten ihr keine Chance mehr gegeben. Doch daß sie so schnell sterben würde, konnte keiner ahnen. Bis zuletzt hoffte ihre Familie auf ein Wunder.

4. A.J. kippt in Toronto um

Schock für die Backstreet Boys: Beim Konzert im »Molson Place« in Toronto stürzt A.J. während des Songs »Get Down« schwer. Während die anderen Boys die Choreographie zu Ende tanzen, bleibt ihr Freund mit schmerzverzerrtem Gesicht einfach auf dem Boden liegen. Zwei Bodyguards tragen ihn von der Bühne. Die Show läuft weiter. Aber rechte Stimmung will nicht mehr aufkommen. Gott sei Dank sind die Backstreet Boys bei ihrem zweiten Konzert in der kanadischen Metropole vor insgesamt fast 50.000 Fans schon fast am Ende der Show angelangt. An diesem Abend sind ihre Gedanken bei A.J., der mit einem Krankenwagen und Blaulicht ins Krankenhaus gebracht wird. In der Klinik stellen die Ärzte eine schwere Muskelzerrung fest. Die Docs verhängen strenges Auftrittsverbot. Mehr noch: Der Backstreet Boy ist für Tage an den Rollstuhl gefesselt. Er soll sich relaxen, Streß und Aufregung meiden. A.J. ist stocksauer. Was war passiert? »Ich bin hoch gesprungen. Als ich wieder auf dem Boden landete, spürte ich einen höllischen Schmerz im rechten Oberschenkel. Ich dachte, mir hätte jemand ein Messer reingerammt. Ich ging zu Boden«, erzählt A.J. seinen Freunden später über seinen Unfall. Ausgerechnet jetzt mußte das passieren. Genau einen Tag vor dem wichtigsten Konzert der Kanadatour in Montreal. »Wir fiebern diesem Auftritt schon seit Wochen entgegen. In Montreal ist die Halle mit fast 50.000 Fans ausverkauft. Wenn du da auf der Bühne stehst, flippst du aus vor Glück«, schwärmt A.J., der sich das größte Konzert der laufenden Nordamerika-Tour vom Backstagebereich aus anschauen konnte. A.J.: »Es tat mir weh, die Jungs im Stich lassen zu müssen. Aber der Arzt sagte, daß ich mich mindestens eine Woche schonen müßte.«

Tat der Trotzkopf aber nicht. Bereits in Halifax war der Brillenfreak wieder on stage. Er sang zwar alle Parts, saß aber die ganze Zeit auf einem Stuhl. Bei den langsamen Songs humpelte er, auf eine Krücke gestützt, tapfer nach vorne. Nach der Show wurde er wieder in den Rollstuhl gesetzt. »Eine scheußliche Erfahrung! Es muß schrecklich sein, wenn man sein ganzes Leben im Rollstuhl verbringen muß«, findet A.J., der alles daransetzt, möglichst schnell wieder auf die Beine zu kommen.

Auch A.J.s Freundin Amanda Marie Latona reagierte geschockt und wollte sofort den nächsten Flieger nach Kanada nehmen. A.J. beruhigte sie aber am Telefon. Er ist übrigens der erste Backstreet Boy, der zugibt, eine Freundin zu haben. Die hübsche Amanda ist 19 Jahre alt und singt in der Girlband Innosense, die ebenfalls bei BSB-Entdecker Louis Pearlman unter Vertrag ist und von Lynn Harless, der Mutter von 'N Sync-Sänger Justin, gemanagt wird. Amanda und A.J. lernten sich auf einer Party in Orlando kennen. A.J. hat seine Liebe zu Amanda bereits vor Monaten in einigen Interviews mit US-Journalisten zugegeben. Und auch Amanda macht keinen Hehl aus ihrer großen Liebe: Im Star-Fragebogen einer großen deutschen Teenie-Zeitschrift antwortete sie auf die Frage, ob sie einen Boyfriend hat: »Yes, Alex (A.J.).«

Viele Fans fordern die Backstreet Boys seit Jahren auf, ihre Freundinnen preiszugeben. Doch die Jungs schweigen beharrlich. Der Hauptgrund dürfte sein, daß sie die Identität der Girls geheimhalten wollen, um sie vor wütenden Fans zu schützen. Doch stellt sich die Frage, ob die Fans nicht endlich ein Recht auf die Wahrheit haben. A.J. geht mit tollem Beispiel voran. Vielleicht findet es ja schon bald Nachahmung?

»Wir sind stocksauer!« – Vier Fans machen ihrem Ärger Luft

Bei den Recherchen zu diesem Buch sprach ich mit vielen Fans und bekam sehr viele Briefe und Anrufe aus aller Welt. Aus ihren Anregungen und Fragen entstand nicht nur das Konzept für »Backstreet Boys Inside«, vielmehr lernte ich zu verstehen, was in den Mädchen vorgeht. Als BSB-Fan mußte man in letzter Zeit einiges einstecken. Sandra (16), Jutta (16), Fatima (14) und Anna (15) sind eine befreundete BSB-Fan-Clique aus Hamburg. Die vier Gymnasiastinnen sind Fans der ersten Stunde, haben Höhen und Tiefen der BSB-Karriere hautnah mitverfolgt, mitgelitten und mitgejubelt. Aus den vielen Gesprächen mit den vier Mädchen kristallisierte sich schließlich die Idee heraus, in einem Buch über die Backstreet Boys auch mal die zu Wort kommen zu lassen, die sie zu Superstars gemacht haben – nämlich ihre Fans!

Im letzten Jahr haben sich die Backstreet Boys hauptsächlich um ihre Heimat USA gekümmert und den deutschen Fans die kalte Schulter gezeigt. Warum habt ihr ihnen eigentlich trotzdem die Treue gehalten?

Jutta: Als die Tour, die eigentlich im Frühjahr stattfinden sollte, schließlich auf Dezember verschoben wurde, war ich so enttäuscht, daß ich meine ganzen Poster von der Wand reißen wollte. Ich hatte einfach keinen Bock mehr, wollte kein BSB-Fan mehr sein. Einige habe ich tatsächlich kaputtgemacht. Meine Mutter meinte, ich sollte es mir noch mal überlegen. Nicht, daß es mir später leid täte.

Anna: Klar ist man enttäuscht! Ich habe mir extra eine Karte für die Comet-Verleihung besorgt und dann lassen sich die BSB nicht mal blicken. Selbst die Videoeinspielung konnte mich nicht trösten, obwohl sie auf dem Tape sehr süß waren. Ich halte ihnen die Treue, weil ich von Anfang an Fan war und genau weiß, daß sie die deutschen Fans nicht ganz vergessen haben. Sie sind eben auf der ganzen Welt Superstars, ist doch logisch, daß sie nicht jeden Tag bei uns sein können.

Fatima: Ich war nie verliebt in einen der BSB-Jungs, sondern fand die Musik einfach klasse. Mir imponiert es, daß sie es schon in jungen Jahren zu etwas gebracht haben.

Sandra: Nick war einfach der erste Junge, in den ich mich verknallt habe. Und obwohl ich nie eine Beziehung mit ihm hatte, ist er schon so etwas wie meine erste große Liebe – und die vergißt man ja sein ganzes Leben lang nicht!

A.J. hat sich öffentlich zu seiner Freundin Amanda bekannt. Was haltet ihr davon?

Jutta: War ja klar, daß so was mal kommt. Ich hatte schon viel früher die Vermutung, daß die Jungs Freundinnen haben. Wetten, daß die anderen jetzt endlich auch den Fans reinen Wein einschenken? Schließlich können sie ja nicht jahrelang wie die Mönche leben.

Anna: Unter BSB-Fans werden schon seit einiger Zeit Namen angeblicher Freundinnen gehandelt. Mir war das eigentlich immer ziemlich egal. Ich find's aber trotzdem blöd von den Jungs, daß sie die Fans so lange für doof verkauft haben. Amanda ist bestimmt nicht A.J.s erste Freundin seit drei Jahren – nein, das kann ich mir wirklich nicht vorstellen!

Fatima: Ich bin enttäuscht! Jetzt bestätigt sich das, was wir immer vermutet haben. Ich fühle mich von den Boys betrogen und da frage ich mich, was man ihnen denn überhaupt noch glauben kann! Am besten liest man keine Interviews mehr!

Sandra: Wenn ich erfahren sollte, daß Nick eine Freundin hat, würde es mir das Herz brechen. Dann wüßte ich echt nicht mehr, was ich tun sollte. Ach, ich denke einfach nicht daran, Wahrheit hin oder her, das Beste ist, ich würde es gar nicht erfahren.

Denkt ihr, Nick zerstört mit seinen Soloplänen die Backstreet Boys?

Jutta: Ich denke, Nick hat jetzt den totalen Überflieger und glaubt, daß er es auch ohne die anderen schaffen kann. Ich kenne viele Fans, die sich gleich nach der Veröffentlichung seiner Solopläne von ihm abgewandt haben. Sie würden keine Platten mehr von ihm kaufen und auch nicht auf ein Konzert gehen.

Anna: Ich bin davon überzeugt, daß Nicks Eltern dahinterstecken. Die melken ihren Sohn doch rücksichtslos wie eine goldene Kuh. Das sieht man doch auch schon an Aaron – wie sie ihn vermarkten, unglaublich! Das grenzt doch schon an Kinderarbeit!

Fatima: Ich glaube, die BSB machen es so oder so nicht mehr lange. Aber egal was passiert, ich bleibe ihnen bis zum Schluß treu und werde jede Minute mit ihnen genießen. Natürlich hoffe ich, daß sie noch viele Platten machen und ich noch viele Konzerte sehen kann. Klar, irgendwann ist mal Schluß, damit rechnen wir alle.

Sandra: Alles Blödsinn! Die anderen Jungs basteln doch auch an irgendwelchen Soloprojekten! Wieso sollte nur Nick schuld sein? Er ist nun mal der Beliebteste und hat die größten Chancen, es solo zu schaffen. Ich würde es ihm gönnen, schließlich ist er ein supernetter Typ.

Wie nah seid ihr schon an die Jungs rangekommen?

Jutta: Wir waren pro Tour auf mindestens drei Konzerten. Außerdem standen wir jedesmal sehr weit vorne und hatten eine super Sicht auf die Bühne. Klar, das ist nicht das gleiche wie die Jungs persönlich und privat zu treffen. Aber mir reicht das auch so.

Anna: Fatima und ich trafen die Jungs mal bei einer Autogrammstunde in Hamburg. Das war am Anfang ihrer Karriere, als sie noch nicht so berühmt waren.

Fatima: Stimmt, damals kannten sie noch nicht so viele und wir kamen ganz nah an die Jungs ran. Nach der Autogrammstunde folgten wir ihnen bis zu ihrem Hotel und warteten darauf, daß sie sich vielleicht noch mal für ein paar Fotos blicken lassen würden. Ich wäre da alleine niemals so lange gestanden, wollte aber Anna auch nicht allein lassen. Nach einer Weile kamen sie sogar wirklich raus und unterhielten sich mit uns. Sie waren sehr nett, wir machten ein paar Erinnerungsfotos, und Nick, A.J. und Howie luden uns noch auf eine Cola in die Hotelbar ein. Es war ein netter Nachmittag. Trotzdem bin ich aber nicht in Ohnmacht gefallen, als ich sie so nah erlebt habe. Ich finde, sie sind ganz normale Jungs von nebenan.

Sandra: Letztes Jahr war ich mit meiner großen Schwester in den Ferien in Florida. Wir sind zum ersten Mal zusammen weggefahren, und ich wollte unbedingt nach Amerika, zu Nick. Damals war ich gerade 15 geworden und durfte nicht allein so weit verreisen. Sie tat mir den Gefallen, und wir flogen für drei Wochen nach Tampa. Übers Wochenende mieteten wir uns einen Wagen – meine Schwester ist schon über 21, da war das kein Problem mehr in Amerika – und fuhren nach Ruskin. Zuerst dachte ich, wir finden Nicks Haus nicht, aber nach zwei Anläufen standen wir wirklich vor dem Carter-Tor. Es war unglaublich! Ich stand da erst mal eine Weile und habe mir überlegt, was ich machen soll. Meiner Schwester war das ganz schön peinlich, vor einer fremden Hauseinfahrt herumzulungern. Gerade als ich klingeln wollte, kam Nick höchstpersönlich vor die Tür und begrüßte mich! Mein Herz rutschte mir in die Hose, ich war total aufgeregt und brachte kein Wort heraus! Nick nahm mich in den Arm, fragte mich, von wo ich komme und wie lange wir in Florida bleiben wollten. Nach und nach bekam ich sogar meinen Mund auf und wir quatschten munter drauflos. Nach einer halben Stunde ging Nick wieder, und wir fuhren zurück zu unserem Hotel. Diesen Tag werde ich nie vergessen!

Stellt euch vor, ihr könntet 24 Stunden mit den Backstreet Boys verbringen. Was würdet ihr tun?

Jutta: Hmm, schwer zu sagen! Ich würde mir wahrscheinlich wünschen, daß die Backstreet Boys für mich und meine Freunde ein privates Konzert geben. Mit Kerzenschein, A-cappella-Songs und einem Orchester. So wie das VIVA-Unplugged-Konzert.

Fatima: Reden, reden, reden.... Ich hätte tausend Fragen an die Backstreet Boys. Nach welchen Kriterien sie ihre Songs für das Album heraussuchen, in welcher Stadt ihnen die Spaghetti am besten schmecken, ob sie ihre Kohle in etwas Besonderes investiert haben usw..
Außerdem würde mir ein von den BSB-Jungs geführter Trip durch Disney-World ganz gut gefallen.

Anna: Ich würde auf jeden Fall zu ihnen nach Hause gehen wollen. Auf der Bühne habe ich sie jetzt schon sooft gesehen, aber privat kann ich mir überhaupt nicht vorstellen, was bei denen so läuft. Einen Tag mit den BSB in Orlando abhängen – das wäre super!

Sandra: Ich würde vormittags etwas mit allen BSB-Jungs unternehmen. Nach dem Mittagessen würde ich aber am liebsten nur mit Nick in eine Privatmaschine steigen, auf eine schöne Insel fliegen, baden, sonnen, bummeln und schön zu Abend essen und den Sonnenuntergang bewundern. Ja, das wäre nach meinem Geschmack! Aber zu 99,9 % wird das für immer ein Traum bleiben!

Wie sind die Fans untereinander organisiert? Gibt`s unter euch Rivalen?

Jutta: Klar! Was wir gar nicht abkönnen, sind solche Mädchen, die sich mit ihren Müttern in schweineteure Hotels einbuchen, den ganzen Abend im Foyer herumhängen und dann doch nur mit einem Autogramm wieder nach Hause fahren. Die prahlen damit, daß sie im

188

selben Hotel wie die Jungs geschlafen haben, erzählen irgendeinen Mist und erfinden die größten Geschichten. Die spekulieren in meinen Augen nur darauf, mit einem von den Jungs oder ihren Technikern ins Bett zu gehen. Das finde ich total Scheiße! Vor allem dann, wenn das die Mütter auch noch unterstützen!

Anna: Besonders schlimm ist es auf Konzerten. Da denkt jedes Mädchen, sie ist was ganz Besonderes. Ich habe schon Prügeleien zwischen Fans erlebt, Morddrohungen und alles mögliche. Nur weil die eine eifersüchtig ist und vielleicht die Jungs nicht so oft getroffen hat wie eine andere. Schrecklich! Ich würde mich niemals wegen einem Jungen mit einem Mädchen prügeln. Sollen sich doch die Jungs um die Mädels hauen, ich bin dazu viel zu stolz!

Fatima: Keine Ahnung, ich bin nicht so fanatisch. Ich bekomme zwar von den Mädels hier viel mit, aber mich interessiert in erster Linie die Musik und nicht irgendwelche Gerüchte oder Prügeleien. Aber wenn`s um neue Infos über die Jungs geht, dann halten alle Fans zusammen. Eine Neuigkeit wird in Windeseile von Fan zu Fan verbreitet.

Sandra: Wie Anna schon gesagt hat, das Schlimmste sind die eifersüchtigen Fans, die auch zuschlagen. Ich habe mal auf einem Konzert in Kiel eine Ohrfeige von einem Mädchen bekommen, als ich erzählt habe, daß ich Nick zu Hause getroffen hatte. Das hat sie mir übelgenommen und mich geschlagen. Ich war fix und fertig, für mich war das Konzert gelaufen!

Was glaubt ihr, wie sich die Dinge für die Backstreet Boys in Zukunft entwickeln werden?

Jutta: Ich denke, die BSB werden sich nicht endgültig trennen, sondern erst mal ihre Solopläne verwirklichen. Sie werden eine Pause einlegen und in ein, zwei Jahren wieder als BSB auf die Bühne gehen.

Anna: Ja, das glaube ich auch! Nächstes Jahr sind sie vielleicht noch richtig zusammen, aber spätestens 2000 macht jeder, was er will.

Fatima: Aber ich glaube, daß die Jungs einzeln nicht so erfolgreich sein werden wie als Band. Sie werden schnell merken, daß sie es nur gemeinsam schaffen können. Und dann müssen sie sich beeilen, denn wenn sie sich lange nicht mehr als Band blicken lassen, will vielleicht keiner mehr was von ihnen wissen....

Sandra: Nick bringt`s auf jeden Fall solo! Davon bin ich fest überzeugt! Er hat eben das Zeug zu einem Superstar. Er ist jung und unverbraucht und will es unbedingt alleine auch schaffen. Ich würde ihm den Erfolg von Herzen gönnen!

Discographie

Backstreet Boys
We've Got It Goin' On, Anywhere For You, Get Down (You're The One For Me), I'll Never Break Your Heart, Quit Playin' Games (With My Heart), Boys Will Be Boys, Just To Be Close To You, I Wanna Be With You, Everytime I Close My Eyes, Darlin', Let's Have A Party, Roll With It, Nobody But You.

Backstreet's Back
Everybody (Backstreet's Back), As Long As You Love Me, All I Have To Give, That's The Way I Like It, 10.000 Promises, Like A Child, Hey, Mr. DJ (Keep Playin' This Song), Set Adrift On Memory Bliss, That's What She Said, If You Want It To Be Good Girl (Get Yourself A Bad Boy), If I Don't Have You.

A Night Out With The Backstreet Boys
CD/Video Box
Who Do You Love, As Long As You Love Me, 10.000 Promises, What's What She Said /Where Do We Go From Here (Medley), Lay Down Beside Me, Heaven In Your Eyes, My Heart Stays With You, Like A Child, All I Have To Give, If I Don't Have You / I'll Never Break Your Heart (Medley), Quit Playin' Games, Let's Have A Party, Kevin Solo, All I Have To Give (Videoclip), I'll Never Break Your Heart (US-Videoclip)

Singles

We've Got It Goin' On
I'll Never Break Your Heart
Get Down
Quit Playin' Games
Anywhere For You
Everybody (Backstreet's Back)
As Long As You Love Me
All I Have To Give

Adressen

Backstreet Boys Fanclub
Postfach 677
94307 Straubing

BSB – die offizielle Homepage:
www.backstreetboys.com

Anregungen, Lob und Kritik an:

Goldmann Verlag
Jugendbuchsektor
Pauline Gellert (Autorin)
Neumarkter Str. 18
81673 München